KB235918

학습의 기술
-대학에서의 공부전략-

W. R. Luckie & W. Smethurst 공저

한순미 역

학 지 사
WWW.hakjisa.co.kr

역자 서문

　대학에서 학생들을 가르쳐 오면서 최근 들어 목격하는 사실은 학생들의 성적에 대한 관심이 더욱 커져가고 있다는 점이다. 그것은 대학을 졸업한 이후의 취업 문제 등 경쟁이 치열한 가운데 학생들이 자신의 학업 성적을 잘 관리하고 싶어서이기 때문인 듯하다. 때때로 과도하리만큼 결과에 대한 집착으로 비춰지기도 하지만 대부분의 학생들이 노력의 결과로 좋은 성적을 얻고자 하는 것은 당연한 일일 것이다. 그러나 성적 결과에 대한 관심 내지는 집착만큼이나 학습 과정에 있어서의 성실성이나 효율성이 그에 미치지 못할 때는 안타깝다. 적지 않은 학생들이 공부한 시간만큼 성적을 거두지 못하고 있다고 호소하면서 효과적으로 공부하는 방법을 알고 싶어한다. 실제로 학생들이 시간 관리를 제대로 못하거나 공부방법의 비효율성, 부적합성 때문에 좋은 결과를 얻지 못하는 일이 자주 목격된다.

　이 책을 번역하게 된 계기는 바로 그러한 학생들에게 도움을 주기 위해 공부방법에 관한 여러 권의 책을 검토하다가 선정하게 된 것이다. 이 책의 저자들은 대학 및 연구소에서의 오랜 경험을 통해 학업에 곤란을 겪는 학생들을 도우면서 실제로 그들이 실행해 본 것들 가운데 실효성이 높은 공부 기술들을 매우 구체적으로 제시해 주고 있다.

우리는 이미 도래한 정보화시대에 살면서 지식의 변화와 발전 속도가 엄청나게 빠름을 체감하고 있다. 지식 기반 사회는 신경제의 도래로 새로운 직업들이 계속 생겨날 것이고, 치열한 경쟁 체제 속에서 부가 가치가 높은 인재들을 요구하게 된다. 미래학자들은 지식사회에서는 지식을 어떻게 조절하느냐가 생존의 관건이며, 한 나라의 경제력 또한 지식의 소유량이 좌우할 것이라고 내다보고 있다. 따라서 평생학습의 개념이 중요시 되는데 이제는 학교를 다니는 동안만의 학습이 아니라 태어나서 죽을 때까지 평생학습을 해야만 되는 것이다. 우리가 효과적인 공부방법을 학습해야 하는 이유도 바로 여기에 있다.

이 책의 주 독자층은 대학생 및 대학원생일 수 있으나 중·고등학생 및 일반 성인 등 효과적으로 학습하길 원하는 사람이면 누구나 읽고 스스로에게 적용해 볼 것을 권하고 싶다.

이 책이 나오기까지 원고 전체를 검토하면서 교정을 도와준 숙명여대의 한미현 양과 이창선 양에게 이 자리를 빌려 감사의 말을 전하고 싶다. 또한 이 책의 출판을 기꺼이 허락해 주신 학지사의 김진환 사장님과 편집과 출판에 이르기까지 수고를 아끼지 않은 편집부 여러분께 심심한 사의를 표한다.

역자 한순미

저자 서문
체계적인 공부 접근

이 책은 학업에서의 성공과 그것이 어떻게 일어나는지에 대한 것으로서 특히 당신이 어떻게 하면 학업에서 성공할 수 있는가에 관한 것이다. 학업에서의 성공은 지능, 민첩성, 야망 또는 어떤 다른 성격 특성과 직접적으로 관련되는 것은 아니라고 판명된다. 그것은 주로 공부와 시간을 효과적으로 다루는 당신의 능력 및 열망에서 기인한다. 공부 시간의 관리와 효과적인 공부, 바람직한 학교생활을 위한 통합된 체제가 있을 수 있다고 하는 아이디어는 비교적 새로운 것이다. 우리의 접근은 하버드 학습 상담소(Harvard's Bureau of Study Counsel)의 연구에서 비롯된 것이지만 우리가 그것을 가지고 에모리(Emory) 대학에서 연구하기 시작한 후에 비로소 하나의 공부 시스템이 되었다.

1940년대에 하버드 대학의 행정가들은 나쁜 성적으로 인해 학생들을 쫓아내는 일이 무의미하며, 학교에 그들을 두고서 성적을 향상시키도록 돕는 것이 더 낫다는 확신을 갖게 되었다. 그들은 학생들이 하버드 대학에 입학할 만큼 충분히 영리하다는 가정을 가지고 시작하였다. 그리하여 어떤 학생들이 나쁜 성적을 얻는 이유는 지능의 부족과는 다른 어떤 이유가 분명히 있다는 결론을 내렸다. 이것은 사실로 증명되었다.

심리학자 Bill Perry는 학습 상담소 재임시 학업에 곤란을 겪고 있는 하버드와 래드클리프 대학의 학생들을 대상으로 일했다. 그 상담소에서는 각 학생에서 필요한 도움은 무엇이든지—그것이 보고서를 쓰는 일이든 혹은 더 빨리 더 잘 읽는 학습이든—어려움을 겪고 있는 학생들을 대상으로 강도 있게 일하기 시작하였다. 상담소에서는 또한 가족 또는 룸메이트와의 문제를 가진 학생들 및 다른 대인 장애를 가진 학생들과 많은 상담을 하였다.

하버드대는 학생들을 매우 성공적으로 지원하였다. 역사적으로, 하버드대는 어떤 대학보다도 졸업률이 높았다. 어떤 연구에서는 하버드 대학을 졸업하는 학생이 97%라고 추정하였다. 다음으로 가장 근접한 수치는 약 80%인데 대부분의 다른 대학들은 이보다 훨씬 뒤처진다. 필자는 하버드의 이례적인 졸업률이 부분적으로는 이러한 학업에서의 성공을 관리해 주는 접근의 결과가 아닐까 생각한다.

필자(Smethurst 박사)는 1970년대 초에 조지아 주 애틀랜타에 있는 에모리 대학에 부임했다. 필자는 에모리 대학의 독서 및 학업 만회 센터의 장으로 일하면서, 그 곳에 하버드 대학에서의 경험을 적용했다. 에모리 대학은 학습 지원 프로그램이 없었다. 그래서 필자는 에모리대 학생들과 학업 성공을 원하는 그 지역의 다른 학생들을 도우면서 그 당시에 있었던 공부 기술들을 가지고 일하기 시작하였다. 많은 학생들이 의학 공부를 위해 에모리 대학에 온다. 필자는 고등학교에서는 매우 잘 했지만 더 어려운 대학 교과목들을 만나 크게 어려움을 겪고 있는 의학부 예과 학생들을 대상으로 자주 일했다.

1970년대 중반에 필자는 낙제 위기에 있는 신입생과 2학년 학생들을 위해 10회의 공부 세미나를 제공했다. 학장의 사무실에서는 낙제 위기에 있는 모든 신입생 및 2학년 학생들에게 그 세미나에 참석을 권유하는 편지를 보냈다. 세미나에서 필자는 학생들에게 빨리 공부할 수 있는 체계적인 접근을 소개하였다. 노트 정리를 더 잘 하는 법, 시간을 관리하는 법, 더 빨리 더 잘 읽는 법, 기억법, 그리고 시험 준비하는 법을 알려주었다. 시험 치르기와 시험 불안에 대해, 보고서 쓰기와 프로젝트 연구를 완성하는 것 등 좋은 학생이 되는 데 숙달해야 할 모든 기술들에 관해 가르쳤다. 그리고 학생들은 눈에 띄게 향상되기 시작하였다.

첫번째 학기에 낙제 등급에서 벗어나 학장의 리스트에 올라간 한 학생의 경우는 기적처럼 보였다. 다음 학기에는 네 명의 학생들이 학장의 리스트에 오르게 되었다. 이러한 일은 세미나가 제공될 때마다 아주 흔한 일이 되었다. 필자는 지능이 성적에 주요한 요인이 아니라는 하버드에서의 결론이 에모리 대학에서도 마찬가지로 사실임을 깨닫게 되었다. 필자는 나중에 그것이 어디에서나 사실임을 알았다.

Luckie 박사와 필자가 개발한 공부 시스템은 학생들을 시간 관리자로 보기 때문에 시간을 효과적으로 사용하고 관리하는 것에 기초한다. 학생들은 결과물을 내기 위해 부족한 자원들, 즉 시간, 에너지, 노력을 관리하고 있다. 이 경우에 그들의 결과물은 과업 완수인데, 그것은 통상 선생의 추천서, 성적, 학위로 측정된다. 그 모든 것은 결국 학생의 주요 자원이 시간이기 때문에 현명한 시간 사용으로 귀결된다. 학교에서 가장 성공적으로 학업을 수행하는 학생은 가장 영리한 학생이 아니라 가장 효과적인 학습자이며, 시간 관리자이다.

Luckie 박사와 필자는 효과적인 공부 기술을 가르칠 수 있고, 배우기도 비교적 쉽다고 결론을 내렸다. 이런 생각을 기초로 우리는 자료를 개발하였고 공부 기술 워크숍을 개최하기 시작하였다. 우리 두 사람은 공부 기술을 가르치면서 남동부 지역 일대를 여행하였다. 우리는 여름에 개최한 캠프에서 학습기술을 가르쳤고, 에모리 대학과 그 밖의 곳에서 주말에 공부 기술 워크숍을 열었다.

우리는 가르치면서 점차 우리의 아이디어를 하나의 시스템으로 발전시켰고, 그것을 학습능력 향상 시스템(study power system)으로 명명하였다. 우리는 학교에서 공부하고 성공하는 방법을 학생들이 어떤 수준의 지식, 성취, 지능을 갖고 있든 간에, 그리고 초등학교 5, 6학년생이든, 대학생이든 간에 가르칠 수 있음을 발견하였다. 우리는 이제 에모리 의과대학 학생들 및 조지아 침례교 병원의 의료인, 그리고 조지아 대학 학생들과 함께 아주 성공적으로 일하고 있다. 수년 동안 우리는 학업을 다시 시작하려는 성인들을 위해 에모리 대학의 저녁 강좌에서 가르쳤다. 이것은 우리의 수고를 통해 얻은 보답 가운데 가장 큰 것이다. 성인들이 훨씬 높은 요구 수준을 갖긴 하나, 성인들은 우리가 5학년 학생에게 가르친 것과 똑같은 많은 공부기술들을 배운다. 기술이 다른 것이 아니라 공부가 다르다. 아동들과 의대생들은 똑같이 수업을 듣고, 필기를 하고, 프로젝트 연구를 하고, 시간 사용을 계획하고, 시간이 많이 걸리는 큰 프로젝트를 관리하고, 그리고 시험을 치르는 데 효과적인 방법을 학습해야 한다.

학습능력 향상 시스템

학습 기술을 향상시키려 할 때, 시간이라고 하는 한 가지 변인을 극대화하는 것에 집중하는 것이 중요하다. 아무도 하루에 24시간 이상을 갖지 않지만 어떤 학생들은 똑같은 시간에 다른 학생들에 비해 훨씬 많은 것들을 얻는다. 어떻게 그렇게 할까? 여러 가지 비결이 있다.

첫번째 비결은 동기 유발이다. 학습력 증강 시스템은 학생들이 학교에서 좋은 성적을 얻고, 학습하고, 성공하려는 열망을 지닌다고 가정한다. 어떤 학습 시스템도 학습하길 원하지 않는 학생들을 도울 수는 없다. 거의 모든 학생들이 학업에 성공하길 원하기 때문에 우리는 성공에 관심없는 학생을 거의 만나지 못한다. 보다 어린 학생들에게 부모는 동기 유발을 하기 위해 많은 것들을 할 수 있다.

공부 시간을 극대화하는 또 다른 비결은 다음의 세 가지 주요 기능들을 포함하는 것이다. 즉, 두뇌 속으로 정보를 넣는 행위인

학습능력 향상 시스템		
투 입	**과 정**	**산 출**
듣기	자기-관리	시험 치기
노트정리	시간 관리	보고서 쓰기
읽기	학습과 기억	구두 보고서
수업 참여	집중	수업 참여
	매일 복습	
	수업 참여	
	시험 준비	

투입, 두뇌에 있는 정보를 처리하는 작용인 과정, 두뇌에 있는 정보를 인출하는 기능인 산출이 그것들이다. 다음에 제시하는 도표는 이 모형의 주요 기능 요소들을 나타낸다.

학생들은 보통 산출 부분을 가장 중요하게 여긴다. 이것은 학생들이 성적을 얻게 되는 영역이긴 하지만, 산출 기능이 성적을 결정하는 유일한 것은 아니다. 대부분의 학생들은 그들이 보통으로 하는 것 이상으로 학습 시스템의 투입과 과정 요소들에 더 많은 노력을 하는 것이 필요하다.

투 입

투입은 학생들이 가장 무시하는 영역이다. 그러나 투입은 정보를 수집하는 기능이기 때문에 학습의 가장 중요한 측면이다. 정보는 한 번에 조금씩, 그리고 일찍, 자주 수집될 때 가장 잘 수집되며 이것을 규칙적으로 하는 가장 좋은 장소는 교실이다. 선생들은 일반적으로 수업하는 동안 필요한 거의 모든 정보를 다루기 때문에 듣기는 학생들에게 중요한 기술이다. 훌륭한 학생은 대개 좋은 청취자이다.

노트 정리는 성공적인 학생에게 필요한 두 번째 기술이다(정보는 듣고 이해할 수 없으면 주목하게 되지도 않기 때문에 듣기만큼 중요하지는 않다). 학생들이 교실에서, 그리고 읽기를 하는 동안 기록하는 노트는 공부를 위한 주요 원천이 된다. 그것들은 정확해야 하며 믿을 만해야 한다.

수업 참여는 학습 시스템의 세 영역 모두에서 나타나는 유일한 요소이다. 수업 참여는 학습 정보를 획득하는 가장 좋은 기회를 제공하기 때문에 유능한 학생들은 수업 활동에 전적으로 몰두한다. 수업 참여는 수업 토론에 참여하는 것 이상의 것이다. 그것은 주의깊고 능동적으로 들으며, 교실에서 제시하는 정보를 적극적으로 찾는 것을 포함한다. 훌륭한 학생은 수업에 참석할 뿐 아니라 수업에서의 산출물에 대한 능동적인 소비자이기도 하다. 그들은 자신이 투자한 시간과 수업료에 대한 대가로 이용할 수 있는 모든 정보와 지식을 획득하려 한다.

학습을 위한 정보를 획득하는 데 필요한 마지막 기술은 읽기이다. 읽기는 학생들이 공부하는 것으로 생각하는 주요 활동이다. 대부분의 학생들은 읽기를 학습의 주요 부분으로 생각한다.

과 정

투입 기능이 가장 중요한 공부 기술이지만, 동시에 그것은 학습 시스템의 일부일 뿐이다. 공부를 위한 정보를 획득하면, 그 자료는 또한 처리되어야 한다. 투입을 하는 것은 처리 기능에 착수한 것이지만 충분하고 지속되는 학습이 되기 위해서는 부가적인 과정 활동이 필요하다.

기억 관리는 중요한 처리 기능이다. 기억 그 자체는 대개 학생들에게 주요 문제는 아니다. 주요 문제는 바로 회상이다. 학생들은 자주 시험을 치른 후에 정답을 기억할 수 있다. 원할 때, 그리고 문제가 요구하는 방식으로 정보를 회상하는 것이 기술이다. 이러한 능력을 계발하기 위해서는 회상을 증가시키는 처리 접근이 필요하다. 여러 가지 회상 기법이 학습 시스템의 필수 요소가 되며, 이 점에 대해 논의할 것이다.

집중은 또 하나의 중요 과정 기능이며, 학습 시스템에서 가장 어려운 요소이다. 그러나 집중은 모든 의식적인 인간 행동에 필요한 것이며 잘 집중한다고 하는 것은 학업상의 모든 노력에 필수적인 것이다. 대부분의 학생들은 30초에서 90초 보다 훨씬 길게 어떤 단일 아이디어 개념, 대상에 집중하지 못한다. 책의 후반부에서 보다 오랫동안 집중을 유지하고 이해를 향상시킬 기법과 연습을 제시할 것이다.

과정 요소의 중심부에는 지속적이면서도 신중한 매일의 복습이 있다. 적시의 복습은 정보를 효과적으로 처리하는 데 필수적이다. 회상은 자료를 반복해서 자주 복습하는 것을 통해 발달한다. 최적의 학습을 위해 시각적, 청각적, 촉각적, 운동기능적 양식을 이용하는 여러 가지 복습 방법을 제시하겠다.

매일의 복습을 하는 것 대신에 대부분의 학생들은 과도하게 시험 준비에 매달린다. 많은 학생들이 시험만을 위해 공부하며, 줄곧 따라잡기 과정에만 놓여 있게 된다. 이 외에도, 많은 학생들은 매우 비효과적인 접근방식인 주입식 공부만을 한다. 시험 준비는 학습에 대한 전반적인 접근의 통합된 일부로서, 주기적 복습에 통합되어야 한다. 시험을 잘 치르기 위해 학생들은 일반적인 의미와 세부사항 모두를 숙달해야 한다. 학습능력 향상 시스템은 이 두 가지 유형의 정보를 학습하는 일련의 도구들을 제공한다.

수업 참여는 투입으로서 중요한 만큼이나 과정으로서도 중요하다. 수업이 학생에게 의미가 있기 위해서는 학생이 듣고, 노트 정리하고, 집중할 의도가 있어야 한다. 수업 참여의 주된 과정 기능은 지향된 사고인데, 이것은 머릿속으로 질문을 하고, 아이디어를 요약하고, 자신의 말로 정보를 바꾸는 것이다. 교실은 이러한 과정을 시작하는 가장 효과적인 장소이다. 학습 시스템은 교실에서의 정보 처리를 향상시킬 여러 가지 접근을 제공한다.

마지막의 과정 기능은 시간 관리인데, 이것은 학습 시스템의 중요한 부분이지만, 많은 학생들이 잘못 이해하거나 가볍게 다루어 버리는 부분이다. 시간 관리에 대한 논의에서 일정표를 개발하는 법, 학업 과정의 단계들을 이용하여 활동들을 조직하는 법, 주별 일정표를 작성하는 법, 일일 활동 스케줄을 유지하는 법을 제시할 것이다. 이러한 계획은 마감 기한 전에 해야 할 일이 완수될 수 있게 해 줄 것이다. 그것은 또한 학생들이 학업에 필요한 일들을 완수하면서도 사교 활동이라든가 운동 등 개인 활동에 필요한 시간들을 갖게 해 줄 것이다.

산 출

앞서 언급한 대로, 학습 시스템은 구조화된 학습의 투입과 과정 기능을 가장 크게 강조한다. 앞에서 설명한 행동들, 즉 지식을 획득하고, 정보를 요약하고, 아이디어를 종합하는 것 등은 고등 사고과정과 학습과정을 포함한다. 이러한 기술들은 학교에 있는 학생들에게만 기여하는 것이 아니고, 평생의 목표 달성에도 기여할 수 있다. 학습은 정보화 시대에 지속적으로 필요한 것이다.

투입과 과정이 가장 중요한 것이긴 하지만 산출 활동 또한 중요하다. 수행 방법을 알고서 여전히 수행하지 않은 것은 어리석은 일이다. 수행은 지식과 이해를 필요로 하지만, 그것은 또한 압력을 받으면서도 행동하는 것과 즉시 과제를 완수하는 능력을 요구한다. 공부에 대한 결말은 투입과 과정 단계에서 오는 것이 아니고 산출 단계에서 온다. 첫번째 두 가지 기능은 수행이 일어나는 데 필요하지만 산출은 가장 바람직한 어떤 것을 산출하는 수행 그 자체이다.

학생들이 일반적으로 가장 관심을 갖는 공부 영역은 시험 치기이다. 많은 학생들은 시험 불안으로부터 고통받는다. 불안이 어떻게 일어나게 되는지에 대해, 불안의 징후를 인식하는 법, 불안이 일어나는 것을 막는 법, 그리고 불안이 일어날 때 그것에 대처하는 방법에 대해 설명할 것이다. 시험 불안은 철저하고 체계적인 공부 접근과 시험 치기를 함으로써 피할 수 있다. 대부분의 학생들이 반복적으로 시험을 치름으로써 몇 가지 시험치기 기술을 가지고 있지만 이 기술은 의미 있게 향상될 수 있다. 이 책에서는 여러 가지 유형의 시험 문제들, 즉 논술형, 선다형, 단답형, 진위형 문제들에 대한 시험 치기 전략을 제시한다. 또한 시험 치는 동안 주요 사항을 개발하고, 이용할 수 있는 시간을 잘 활용하고, 정확한 절차를 따르는 것을 강조하면서 일반적인 시험 치기 전략을 제시한다. 각각의 시험은 학습 경험이 되어야 한다. 학습 시스템은 시험을 더 잘 치는 사람이 되게끔 학생들을 돕도록 각 시험의 결과를 분석하는 방법을 제공한다. 이러한 분석은 시험 그 자체로부터의 내용을 학생들이 학습할 수 있게 할 것이다.

전형적으로, 성적은 시험 점수, 하나 이상의 보고서, 수업 참여, 그리고 구두 보고의 결과이다. 여기에서는 여러 가지 보고서 쓰기 방법을 소개하면서 보고서를 조직하고, 시간의 경과와 더불어 보고서를 발전시키는 법, 쓰기에서의 함정을 피하는 법에 관한 조언을 곁들인다. 또한 주제를 선택하는 것으로부터 보고서를 준비하고, 연습하고, 발표하는 것에 이르기까지 구두 보고를 하는 것에 대한 조언도 제공한다. 많은 수업들이 어떤 유형의 구두 보고를 요구하지만, 많은 학생들은 집단 앞에서 말하는 경험을 거의 가지고 있지 않다. 이러한 산출 기술을 발달시킴으로 인해서 많은 학생들이 자신감을 증강시킬 수 있게 된다.

시험과 보고서 외에도 모든 성적은 수업 참여를 포함한다. 학생

참여에 관심이 없다고 주장하는 선생들조차도 수업에서 학생들의 수행 태도에 직접, 간접적으로 영향을 받는다. 이 책에서 논의하는 적절한 수업 참여를 위한 전략들을 따를 때, 학생들의 교실 수행을 의미 있게 향상시킬 수 있다.

이 책을 이용하는 방법

우리는 이 책을 학생들과 그들의 부모 및 교사를 위해 썼다. 이 책은 학생들이 보다 효과적으로 학습하도록 수년간 가르친 경험의 부산물이다. 우리 두 사람이 학생들을 가르쳐 온 기간을 합산해 보니 75년 이상이 된다(그 기간에 대해 생각해 보니 놀랍다). 우리의 교수 경험에 비추어 볼 때, 좋은 학생이 되는 방법을 가르칠 수 있으며, 어떤 학생이라도 그 방법을 이용할 수 있다는 생각이 든다.

이 책은 보다 효과적으로 학습하고, 보다 좋은 성적을 얻고, 보다 많이 학교생활을 즐기도록 공부 기술을 마스터하길 원하는 학생이면 누구에게나 적합하다. 또한 이 책이 부모와 교사들에게도 도움이 될 수 있길 바란다. 이 책을 읽는 경험이 독자의 학습에서 하나의 지침이 될 수 있길 바란다.

첫째, 이 책에서 최대의 효과를 얻기 위해서는 기록하고, 연습하고, 연습문제에 답하기 위한 별도의 노트가 필요할 것이다. 그 노트에 모든 쓰기 활동을 하라. 노트에 기록함으로써 쉽게 복습할 수 있게 될 것이다. 시간이 경과된 후 노트 속의 내용을 공부함에 따라 당신은 문제들에 대해 얼마나 잘 답변했는지를 알게 될 것이다. 예를 들어 학습능력 향상 시스템에 능숙해짐에 따라 당신은 가장 최근의 요약물을 초기의 것들과 비교할 수 있다. 이런 방식으로 시간이 지남에 따라 노트 정리의 질이 극적으로 개선됨을 볼 수 있다.

다음 단계는 책을 사전검토하고 책에서 얻고자 하는 바를 생각해 보는 것이다. 내용을 간추린 표를 읽고 각 장에서 말하려고 하는 바에 대해 생각해 보라. 그런 다음, 이 서문을 주의 깊게 읽고, 각 장으로 넘어가서 읽는 동안 그 장의 제목, 소제목, 그래프, 차트 등에 주목하라. 어떤 부분이 당신의 장단점을 다루는지에 대해 생각해 보아라. 지혜로운 방법은 장점을 강화하고 단점은 보완할 수 있는 것이어야 함을 염두에 두라.

책의 구성 방식에 주목하라. 학습능력 향상 시스템은 투입 기술, 과정 기술, 산출 기술의 세 부분으로 나눌 수 있다. 투입-과정-산출 모형은 대부분의 학교와 대학 수업이 행해지는 방식과 일치한다. 복잡한 체제를 분석하는 이 융통성 있는 방법은 어떤 교육이든지 더 잘 이해할 수 있도록 도울 것이다.

일반적인 개요를 읽은 후에, 다음 단계는 책을 읽는 것인데 한 번에 한 장씩만 읽어라. 먼저 각 장을 사전검토하라(무슨 내용인지 감을 잡기 위해 빨리 훑어본다). 그런 다음 철저하게 읽어라. 노트에 필요한 것은 무엇이든 기록을 하라. 각 장의 끝 부분에 이르면, 노트에 다섯 문장 내지 아홉 문장으로 글의 내용을 요약 정리하고, 연습과 제시된 활동을 하라. 이것은 그 자료를 잘 이해할 수 있게 해 주고 학습능력 향상 시스템에 포함된 개념과 테크닉을 적용하는 능력에 대한 자신감을 증강시킬 것이다.

책읽기를 모두 마쳤을 때, 노트에 한 단락의 분량으로 학습능력 향상 시스템을 요약하도록 하라. 그 시스템의 어떤 측면이 가장 많이 도움이 되는지, 그리고 공부할 때 실제 그것을 어떻게 이용해 볼 수 있는지에 대해 자문해 보라. 친구들, 교사들, 혹은 부모님 중 한 사람에게 학습능력 향상 시스템을 설명하라. 그 사람에게 그 시스템의 어떤 부분을 당신이 현재 가장 효과적으로 이용하고 있고, 어떤 부분이 앞으로 가장 많이 필요한지, 그리고 당신의 학업에 그 시스템을 어떻게 적용할 수 있는지를 말하라.

자주 이 책과 노트에 기록한 것을 복습하라. 이렇게 비교적 단순한 시스템이 많은 학생들의 어떤 학업상황에서도 잘 적용될 수 있다고 하는 것은 놀라운 일이다. 우리는 노트 기록을 복습하는 학생들로부터 노트 기록이 공부에 집중하도록 돕는다는 것을 여러 차례 들었다. 우리는 이러한 복습을 매학기마다, 혹은 매년 초에 할 것을 제안한다. 복습할 때마다 학습능력 향상 시스템의 어떤 요소를 추출해서 자신의 공부에 이용하고 그것들을 새로운 방식으로 적용시킬 수 있게 될 것이다.

무엇보다도 가장 큰 공부 기술 중 하나는 지속성이다. 이 능력은 과제에 매달려서 절도 있고 시의 적절한 방식으로 그것을 완수하는 것이다. 공부 기술을 계속 발달시키고 단련시켜 감에 따라 당신은 지속성을 또한 증진시킬 것이다. 이 소중한 특성을 개발함으로써 당신은 교육 경력에 있어서나 직업 생활에 있어서나 매우 확고한 위치에 있게 될 것이다.

W. R. Luckie & W. Smethurst

역자 서문 3

저자 서문 : 체계적인 공부접근 5

　　　　　학습능력 향상 시스템 9

　　　　　이 책을 이용하는 방법 15

제1부　**투입** 기술　　　　　　　　　　25

제1장 듣기 • 27

　　1. 설교자의 방법 • 28

　　　듣기를 준비하기/29

　　　능동적인 듣기/30

　　　요약하기/31

　　2. 훌륭한 청취자가 되기 • 31

제2장 노트 정리하기 39

　　1. 노트 기록을 보관하기 • 40

　　2. 시험 문제들을 확인하기 • 41

　　3. 협동학습과 테이프 녹음하기 • 45

　　　녹음하기의 함정/46

　　4. 노트를 복습하기 • 47

제3장 공부를 위한 읽기 55

　　1. 설교자의 방법　56

　　　　사전검토하기/57

　　　　훑어보기/57

　　　　능동적 읽기와 노트 정리하기, 그리고 학습 카드/59

　　　　요약하기/60

　　2. 공부를 위한 읽기를 향상시키기 64

제4장 투입으로서의 교실 참여 71

　　1. 수업을 위한 준비　72

제2부　과정 기술───────77

제5장 자기 관리 79

　　1. 의사결정의 원칙　80

　　2. 목표를 설정하기　83

　　3. 학습 환경을 관리하기　84

　　　　기대와 결과/85

　　　　학습 공간/85

　　　　학습을 위한 자료들/86

　　　　시간 이용/89

차 례

제6장 시간 관리 95
1. 일정표 96
2. 학업 과정 100
   주제를 선정하기/100
   정보를 수집하기/102
   정보를 조직하기/103
   윤곽을 형성하기/103
   초안이나 발표를 준비하기/104
   편집하거나 교정하기/104
   최종 보고서를 준비하기/104
3. 주별 계획표 107
4. 일일 계획표 109
5. 체크리스트로서의 계획표 112

제7장 집중력 121
1. 집중력 장애 124

제8장 학습을 관리하기 131
1. 구조를 개발하기 131
2. 매일 복습 132

제9장 기억을 관리하기 141
1. 범주화 방법 141
2. 장소법 142
3. 기억술 144
4. 상향식 학습 146

차 례

5. 그림 정보의 학습 147
6. 표준 기억 매트릭스 148

제10장 과정으로서의 수업 참여 153
1. 요약하기 153
2. 연합을 개발하기 154
3. 수업 토론과 소집단 155

제11장 시험 준비 157
1. 벼락공부 대 매일 복습 157
2. 세부사항 대 큰 그림 159
3. 예비시험 162

제3부 산출 기술 ——————169

제12장 시험 치기 171
1. 삼분 선별 방법 172
2. 진위형 문제 173
3. 선다형 문제 174
  선다형 문제에 대한 오해/175
4. 논술형 문제 176
5. 단답형 문제 178

제13장 시험 불안을 피하기 183
　　1. 불안의 원인 184
　　2. 불안을 막기 186
　　3. 불안을 경감시키기 188

제14장 시험으로부터 학습하기 193
　　1. 시험 친 기록 196
　　　지 시/197

제15장 논문과 보고서 203
　　1. 쓰기 과정 203
　　2. 12가지 오류 208

제16장 구두 보고 211
　　1. 준비 211
　　2. 연습 213
　　3. 발표 215
제17장 산출로서의 수업 참여 219
　　1. 듣기 220
　　2. 노트 정리 220
　　3. 신체 언어 221
　　4. 눈 마주침 222
　　5. 과제물을 빨리 완수하기 223
　　6. 자신을 훌륭한 학생으로 설정하기 223

차 례

결론 : 성공을 위한 공식 229
1. 기대 230
2. 분투 232
3. 공부 기술 233
4. 성공을 위한 공식 234
   학습능력 향상을 위한 주요 규칙 236

찾아보기 239

제1부

투입 기술

제1장 듣 기

제2장 노트 정리하기

제3장 공부를 위한 읽기

제4장 투입으로서의 교실 참여

　학교에 다니는 주목적은 새로운 기술과 정보를 학습하는 것이다. 학교에서 새로운 정보와 아이디어를 획득하는 데 이용하는 기술을 투입 기술(input skills)이라고 한다(물론 이러한 기술을 학교 밖에서도 이용한다). 효과적인 공부습관을 익히는 첫번째 단계는 투입 기술을 개선시키는 것이다.

　하루 24시간을 최대화시키는 방법은 교실에서 보내는 시간을 최대의 것으로 만드는 것이다. 교실에서 보내야만 하는 시간을 자신을 위한 시간으로 만들 수 있다. 좋은 투입 기술을 가지고 있으면 수업시간에 진정한 효과를 얻을 수 있다. 그것은 당신의 공부 시간을 아주 많은 압력으로부터 벗어나게 해 줄 것이다. 당신은 여전히 공부를 해야 하지만 그 공부 시간은 한층 더 집중되어 있을 것이다.

　학생들은 시험을 준비하고, 리포트를 쓰고, 다른 결과물을 만드는 것을 매우 중요시하는 경향이 있다. 이것은 그러한 활동들이 성적에 가장 큰 영향을 미치기 때문에 이해할 만하다. 산출 기술이 중요하긴 하지만 우리는 투입 기술에 한층 더 강조를 둔다. 수집하지 않은 자료를 공부할 수는 없다. 또한 정보를 수집하는 과정은 그것을 학습할 수 있도록 돕는다. 듣기, 노트 정리하기, 읽기, 수업 참여는 공부에 있어 가장 핵심 사항이다. 이것들은 학습을 가능하게 만드는 활동이며, 당신의 점수가 진정한 점수가 되게 만드는 활동이다.

제1장 듣 기

시간 관리 다음으로 중요한 학업 기술은 듣기이다. 듣기는 광범위한 이해 기반을 발달시키는데, 그 이해 기반을 토대로 구체적이고 상세한 이해를 확대시킬 수 있다. 광범위한 이해 기반은 나중에 학습하게 되는 세부적인 것들을 이해할 수 있게 해 준다. 그리고 듣기는 이해의 깊이를 증강시켜 주기 때문에, 듣기를 잘하면 공부 시간을 절약하게 된다.

수업 중에 당신이 최선의 노트 기록을 할 수 있어야 하지만, 먼저 듣기에 집중하라. 학생들이 투입받는 대부분의 것들은 수업에서의 듣기에서 비롯되므로 잘 듣는 학생들은 그렇지 못한 학생들에 비해 현저한 장점을 갖게 된다. 수업 중 듣기의 주목적은 나중에 필요하게 될 정보를 이해하고 확인하는 것이다. 수업 중에 기억하려고 애쓰지 마라. 선생이 말하려고 하는 바와 당신이 질문받게 될 바를 이해하려고 애써라. 당신은 단지 정보를 수집하고만 있을 뿐 나중에 그것을 학습할 것이다.

불행히도 듣기는 가끔 어려울 수 있다. 한 가지 이유로는 우리가 일상생활에서 듣기 연습을 별로 하지 않기 때문이다. 우리들 모두는 자신이 하는 말은 누군가가 들어주길 원하지만 우리 자신이 다른 사람의 말을 듣는 사람이고 싶어하지는 않는다. 듣기가 어려운 또 다른 이유는 우리의 뇌는 가끔 들으면서 제공받는 것보다 더 많은 자극들을 요구한다. 강의를 들으려고 할 때, 두뇌에서는 선생이 말하려고 하는 바가 무엇이든 간에 그보다 훨씬 많은 사념이 떠오를 수 있다. 대개 우리는 두뇌를 삶의 일상적 활동들로 채운다. 교실에서 우리의 두뇌는 학습할 내용을 받아들이지 않고, 아주 쉽게 현재 듣는 것과는 상관이 없는 즐거운 생각에 열중하게 되므로 정작 들어야 할 정보를 듣기가 어려워진다.

1. 설교자의 방법

듣기를 향상시키는 열쇠는 능동적으로 듣는 것이다 이것을 성취하기 위해 우리는 '설교자의 방법'으로 알려진 테크닉을 듣기에 이용할 것을 제안한다(뒤에서 듣기, 쓰기, 말하기에 있어서 설교자의 방법에 대해 이야기할 것이다). 이 방법의 명칭은 설교로 유명했던 어떤 설교자에 대한 오래된 이야기에서 유래된다. 사람들은 그의 설교에 감동을 받아 설교를 그렇게 훌륭하게 하는 비결에 대해 물었다. 그는 다음과 같이 대답하였다. "글쎄요, 그것은 쉽지요. 내 비밀은 내가 그들에게 말하려고 하는 바를 그들에게 말하고, 그런 다음 나는 그들에게 말하고, 또 그런 다음에는 내가 그들에게 말했던 것을 그들에게 말합니다." 우리는 이 설교자가 의사소통의 기본 원리를 깨쳤다고 생각한다. 듣기를 할 때, 먼저 듣기를 준비하는 것이 가장 효과적이고, 그런 다음 능동적으로 듣고, 그리고 들은 바를 요약하라. 이 방법을 사용하면, 강의된 내용을 아주 잘 알게 될 것이다. 이것은 단지 수업에 참석하여 강의를 스쳐 보내는 것과는 아주 다른 경험이다.

듣기를 준비하기

듣기를 준비하는 것은 중요하다. 수업에 앞서 관련된 텍스트를 사전검토하고 대충 훑어보라(3장에서 사전검토와 대충 훑어보는 법에 대해 이야기 할 것이다). 선생이 수업에서 말할 것 같은 세 가지의 주제에 대해 예측해 보라. 대체로 수업 개요와 강의계획서, 혹은 교과서가 있는데 이것들은 수업에서 다루어질 주제를 예측하는 데 도움이 될 것이다. 때때로 수업 개요 없이도 잘 예측할 수 있을 것이다. 예를 들어, 선생이 지난주에 초기의 세 차례 십자군 전쟁에 대해 이야기했다면 다음 시간에는 네 번째 십자군 전쟁에 대해 이야기할 것이다. 예측이 실패할 것 같으면, 선생에게 다음날 무엇에 대해 강의할 것인지를 질문하라. 수업에서 다루어질 내용에 대한 생각이 없이 수업에 참석하려 하지 말라. 당신은 항상 들을 준비가 되어 있어야 한다는 것이다. 강의를 듣기 전에 들을 준비가 되어 있다고 하는 것은 들은 것을 기억하는 비결이기도 하다. 학습을 하기 위해서는 준비된 마음이 필요하다. 들으려고 하는 것에 대해 생각한다면, 두뇌는 자동적으로 이 아이디어들을 정리해 보관하고 범주화해 놓을 것이다. 이 범주화는 듣기와 학습을 더 쉽게 만들어준다.

능동적인 듣기

듣기를 효과적으로 하기 위해서는 능동적으로, 참으로 정력적으로 들어야 된다. 비판적으로 듣고, 알고 있는 것을 논의되고 있는 것에 관련시키고, 시험 문제를 뽑아보아라. 이런 일은 다른 친구와 함께 하는 것이 바람직하다. 그렇게 하면 당신은 두 사람이 학습했던 것을 공유할 수 있다. 함께 공부하면서 시험에 나올 것 같은 것들을 뽑아보아라. 두 사람이 다른 정보들을 고를 것이기 때문에 자료에 대한 친구의 관점은 아마 당신과는 다를 것이다. 그 자료에 관한 하나 이상의 관점을 갖는다고 하는 것은 학습을 보다 즐거운 일로 만드는 것이 된다. 학습은 또 다른 학습을 낳는다.

보통 한 강의에서 7개 내지는 10개 정도의 시험 문제가 나올 수 있다. 정의, 목록, 비교 등에 특별히 주의를 기울여라. 또한 선생이 수업 중에 제기하는 문제들에 특별한 주의를 기울여라. 선생이 수업에서 질문을 하면, 시험에서도 그 문제를 낼 가능성이 높다. 귀를 기울여서 답변을 들어라. 시험에 나올 가능성이 있는 문제들을 확인하기 위한 부수적인 지침들을 제2장에 제시한다.

요약하기

　강의내용을 요약하는 것 또한 매우 중요하다. 연습을 함으로써 주요 사실들과 아이디어를 자신의 마음과 종이에 요약하는 것을 학습할 수 있다. 의사소통 이론에서는 어떤 의사소통이든지 7개 (±2개)의 진술로 충분히 요약될 수 있다고 제시한다. 한 강의의 내용을 5개에서 9개의 문장으로 요약해 보도록 항상 노력하라. 무엇을 말했는가? 선생이 말한 것의 의미는 무엇인가? 그리고 기회가 생기면 다른 사람들과 당신이 학습한 내용에 대해 토론하고, 자신의 생각을 글로 적어 놓아라. 강의 내용에 대해 명료하고 읽을 수 있는 요약문을 갖도록 하고, 시험에 나올만한 문제의 목록도 만들어 보도록 하라.

2. 훌륭한 청취자가 되기

　지금까지 강조한 것처럼 듣기는 가장 기본적인 공부 기술이다. 자신을 수업에서 가장 훌륭한 청취자가 되도록 훈련시킬 수 있다면, 마찬가지로 가장 훌륭한 학생이 될 것이다.

　수업마다 잘 듣기 위해 의식적으로 노력하라. 강의가 시작되기 전에 선생이 무엇을 말할지에 대해 생각하는 습관을 들여라. 그리고 강의 후에는 모든 사람이 문으로 향하더라도 잠시 앉아서 들은 내용과 선생이 말하려고 했던 바, 그리고 시험에 나올 것 같은 것들을 머리 속으로 요약하려 애쓰라. 그렇게 했을 때 보통 때에 비해 훨씬 더 잘 그 자료를 기억하게 될 것이다.

더 좋은 청취자가 되도록 동기 부여될 수 있는 방법이 있는가? 한 가지 방법은 반 친구들을 둘러보는 것이다. 우리의 공부 기술 세미나에서 학생들에게 부과하는 첫번째 과제는 수업을 잘 듣고 있다고 생각되는 다른 학생들을 관찰해 보는 것이다. 청취자를 관찰하는 일은 재미있는 일이며, 그로 인해 급우들 대부분보다 훨씬 더 좋은 청취자가 될 수 있는 방법을 알게 될 것이다. 얼마나 많은 사람들이 듣지 않고 있는가를 주시하라. 그들은 백일몽을 꾸고, 글을 읽고, 잡담하고, 빈둥거리고 있을 것이다. 듣는 능력은 수업에서 다른 사람들에 비해 놀라운 이익을 준다. 또한 가장 성공적인 학생들이 어떻게 듣는지를 기록하라.

훌륭한 학생들은 무엇을 하는가? 학생들이 실제로 잘 듣고 있을 때는 어떻게 보이는가? 첫째로, 그들은 분명히 선생을 보고 있다는 것이다. 강의 진행 중 그들은 비교적 긴 시간 동안 자주 선생과 눈 접촉을 할 것이고, 동의, 의심, 혹은 동의하지 않음조차도 나타내는 신체 언어를 보일 것이다. 훌륭한 청취자는 비언어적으로 반응하고, 그리고 때때로 언어적으로도 반응한다(수업에서 많은 질문을 하는 학생이 훌륭한 청취자이긴 하지만). 훌륭한 청취자는 선생의 강의에 완전히 들어가 말하는 내용에 열중한다. 이 과정은 고도로 능동적이며, 그들은 깊은 몰두를 나타내는 표정과 신체 언어를 보일 것이다.

훌륭한 청취자는 들을 준비를 하고 수업에 올 것이다. 그들은 선생으로부터 적절히 가까운 자리에 앉으려 할 것이며 그리하여 중요한 것을 들을 뿐 아니라 선생의 표정과 다른 제스처도 관찰할 수 있을 것이다. 소수의 학생들만이 선생이 학생들의 청취와 반응을 보길 원한다는 것을 알아차리고서 양방향의 상호작용을 할 것이다. 우리가 말했던 것처럼, 가르치는 사람들 대부분은 흥미를 가진 학생에게 반응할 것이고, 진정한 관심은 어떤 선생에게도 가장 진지한 칭찬이 된다.

몇몇의 좋은 청취자는 노트 정리를 많이 하며 몇몇은 대강 듣는다. 몇몇은 강의를 녹음하길 좋아하는가 하면, 몇몇은 다른 학생들과 팀으로 공부하면서 후에 노트를 비교하길 좋아한다. 우리는 두세 사람이 함께 공부하고 테이프에 녹음할 것을 추천한다. 그러나 그 중에서도 가장 중요한 일은 참여와 준비이다. 훌륭한 청취자는 또한 그들이 듣는 내용을 요약하며, 그것을 이해하려 노력하고, 그것을 자신이 이미 알고 있거나 학습하길 기대한 것에 관련시킨다. 이 학생들은 기록한 것을 비교하고, 시험에 나올 만한 문제들을 찾으며 핵심사항을 기억하기 쉽도록 학습 카드들을 준비한다.

수업에서 가장 좋은 청취자를 구별할 수 있는 또 다른 한 가지 특성이 있는데, 그것은 선생이 거의 항상 그 학생들의 이름을 알고 있다는 점이다.

듣기 연습문제

1. 설교자 방법의 세 단계는 무엇인가?

2. 당신은 어떻게 듣기를 준비하는가?

3. 능동적으로 듣는다는 것은 무엇을 의미하는가?

4. 당신의 수업 시간을 개선시킬 수 있다고 생각하는 두 가지 방법은 무엇인가?

듣기 연습

1. 다음의 각 영역에서 당신은 현재 얼마나 잘 들을 수 있다고
   생각하는가? 노트에다 1점에서 10점까지의 척도로 점수를
   주고 간략히 설명해 보아라.

   > 가. 수업
   > 나. 친구들
   > 다. 가족
   > 라. 텔레비전
   > 마. 라디오
   > 바. 일반적인 대화

2. 위의 어떤 영역에서 가장 잘 들을 수 있는가? 그 이유는 무
   엇인가?

3. 어떤 영역에서의 듣기가 가장 잘 안 되는가? 가장 잘 들을
   수 있는 영역에서의 기술들을 가장 잘 듣지 못하는 영역에
   어떻게 이용할 수 있는가? 어떤 다른 방법으로 당신의 듣기
   를 향상시킬 수 있는가?

4. 다음 수업에 참석할 때 다른 사람들을 관찰해 보라. 자신에
   게 다음의 질문들을 해 보라.

   > 가. 얼마나 많은 학생들이 잘 듣고 있는 것처럼 보이는가?
   > 나. 당신은 누군가가 잘 듣고 있는 때를 알 수 있는가?
   > 다. 학생들이 잘 듣고 있는 것으로 보일 때 그들은 무엇을 하고 있

> 는가?
>
> 라. 사람들이 잘 듣고 있을 때와 그렇지 않을 때 그 차이는 무엇이라
> 고 생각하는가?
>
> 마. 당신도 잘 듣고 있는 것으로 보이는 사람들을 모방할 수 있는
> 가?

5. 청취자들이 하고 있는 일을 하도록 노력하라. 노트에 당신이 행해 보았던 청취자들의 행동 가운데 최소한 세 가지 행동을 열거해 보라

> 가. 그것들 가운데 당신이 더 잘 들을 수 있게 하는 행동은 어떤 것인가?
>
> 나. 당신이 취했던 행동 가운데 듣기를 방해한 것으로 여겨지는 행동
> 이 있는가?
>
> 다. 이 연습에 기초하여, 앞으로의 듣기를 개선시키는 데 당신은 무
> 엇을 할 수 있는가?

6. 친구와 함께 텔레비전 뉴스를 시청하라. 뉴스를 시청하면서 노트에 세 문장에서 아홉 문장으로 요약해 보라.

> 가. 두 사람의 요약을 서로 돌려보아라
>
> 나. 둘이 일치하는 요약을 모아라.
>
> 다. 당신의 요약이 향상되었는가?
>
> 라. 자신의 말로 뉴스의 아이디어를 재진술할 수 있는가?

7. 영화, 라디오, 신문, 이용할 수 있는 모든 것에서 자료를 요약해 보는 연습을 하라. 요약은 가장 중요한 학업 기술이다.

듣기 요약

1. 듣기는 귀와 두뇌로 하는 것이다. 그것은 학생 자신의 노력을 필요로 한다.
2. 교실에서의 시간을 당신의 가장 중요한 학습 시간으로 여겨라.
3. 듣기 학습의 '설교자 방법'이 있다. 어떤 설교자는 다음의 방법을 이용한다.

> 가. 첫째, 그는 그가 회중에게 말하려 하는 바를 그들에게 말한다.
> 나. 둘째, 그는 그들에게 말한다.
> 다. 셋째, 그는 그가 그들에게 말했던 것을 그들에게 말한다.

4. 이 듣기 기술은 교실에서 사용해 볼 수 있다.

> 가. 강의에 사용되는 자료를 훑어봄으로써 듣기를 준비하라. 선생이 말하려고 하는 바를 추측하라. 추측이 정확하지 않다고 하더라도 추측하는 것은 두뇌를 새로운 정보를 다루도록 준비시키는 것이다.
> 나. 능동적으로 들어라. 우리는 귀로 듣지만 두뇌로 듣는다는 점을 기억하라.
> - 마음 속으로 육하원칙의 질문들, 즉 누가? 언제? 어디서? 무엇을? 어떻게? 왜?의 질문을 함으로써 선생이 말하고 있는 바에 대해 마음속으로 질문해 보라. 이것은 선생이 말하고 있는 바에 주의를 기울이게 해 주고, 시험 문제를 준비할 수 있게 해 준다.
> - 더 잘 회상할 수 있도록 자신이 알고 있는 것을 선생이 이야기하고 있는 것에 관련시켜라.
> 다. 요약하라. 선생이 말하는 것은 무엇이든 자신의 말로 다시 바꾸어

보라. 이 과정을 계속하도록 하라. 그것은 집중을 도와준다. 강의 말미에, 자신의 말로 학습한 내용을 다시 진술하도록 노력하라. 수업에서 학습한 것을 다섯 개 내지 아홉 개의 아이디어로 확인해 보라.

제2장 노트 정리하기

앞에서 언급했던 바와 같이 수업에서 듣기는 노트 정리하기 보다 훨씬 더 중요하다. 선생이 말하려 한 바를 이해하는 것과 노트 기록을 하는 것 간에 선택을 해야 한다면, 내용을 이해하는 것이 우선적이다. 노트 정리는 항상 수업 후에 할 수 있다. 그런데 아주 능동적으로 청취할 때조차도 당신은 수업 중에 들은 사항들을 대부분 곧 잊게 될 것이다. 따라서 들은 것을 기록해 두어야 한다.

노트에 모든 정보들을 기록할 수는 없겠지만, 가장 중요한 아이디어들을 써 놓으려고 애써라. 강의의 중심 아이디어를 확실히 알도록 하라. 대부분의 선생은 주제문으로 진술되는 중심 아이디어가 있는 윤곽을 가지고 가르친다. 선생에게 강의의 중심 아이디어에 대해 항상 질문할 수 있다. 물론, 중심 아이디어에 덧붙여, 여러 가지 보조 아이디어들을 기록하는 것이 필요하다. 대체로, 어떤 수업에서든 시험에 나올 만한 문제들은 7개에서 10개 정도이다. 그보다 더 많거나 적을 수 있지만 이것은 참고할 만한 개수이다.

1. 노트 기록을 보관하기

각 과목의 수업마다 정확하고 신뢰할 만한 노트들을 갖는다고 하는 것은 효과적인 학습에 있어 중요하다. 수업 노트, 읽기 노트, 학습 카드, 연구 자료들을 관리하는 것은 학습능력 향상 시스템을 당신의 것으로 만드는 데 있어 중요한 요인이다. 매일 행하는 복습은 회상을 향상시키고 시험을 준비할 수 있는 가장 좋은 방법이기 때문에 이 모든 자료들을 조직해서 방해받지 않을 안전한 장소에 두는 것은 필수적인 일이다.

노트 기록들이 없어지거나 훼손되지 않게 하는 것이 필요하다. 학생들은 자주 종합장에다가 기록하고, 어떤 때는 각 과목이나 수업에 대해 개별 노트를 갖는다. 종합장을 이용하면, 아마 가는 곳마다 그것을 가지고 다닐 것이다. 다른 사람과 이야기하면서 그것을 내려놓은 채 잊고 가버린다거나 하는 식으로 노트 하나를 잊어버리는 것은 쉽다. 그것을 잃지 않았다고 하더라도 노트는 훼손되거나 파기될 수 있다. 가장 중요한 학습의 원천이 없어지게 되는 일을 피하고 노트 기록들을 안전한 장소에 보관하라. 한 학기 동안 전체 노트들을 지닌 채 어딘가에 가지는 말라.

노트들을 적절히 보관하기 위해서는 노트 정리할 종이의 유형과 노트들을 복습할 수 있도록 도와 줄 수 있는 파일 시스템에 대해 생각해 보는 것이 필요하다. 대체로 루즈리프식(페이지를 마음대로 끼웠다 뺐다 하는)의 파일이 기록한 것들을 쉽게 철할 수 있기 때문에 종합장에 비해 더 낫다. 각 과목에 대해 주별 파일을 지녀라. 회상을 최상으로 하기 위해서는 연속해서 5일 동안 노트 기록들을 복습하는 것이 필요하다. 이 5일 후에 적당한 파일에다가 노트 기록의 세트를 넣어두라. 그런 다음, 월요일마다 월요일 파일에 있는 모든 노트 기록들을 복습하라(예를 들어 월요일 역사 파일, 월요일 영어 파일 등). 화요일마다 화요일 파일에 있는 모든 노트 기록들을 복습하라. 이러한 절차들을 매일 실행하라. 학기 말까지 혹은 상세하게 정보를 알아야 할 필요가 더 이상 없을 때까지 일주일에 한 번씩 각 노트 기록을 복습하라. 이것은 그 학기 내내 각 과목에 대한 높은 회상 수준을 유지할 수 있게 해 줄 것이다(같은 방법으로 학습 카드를 복습하는 것이 또한 중요하다. 학기 말까지 한 주에 한 번씩 자신이 학습해 왔던 모든 카드를 복습하라. 3장을 보라).

2. 시험 문제들을 확인하기

각각의 수업을 받는 동안, 시험에 나올 것 같은 최소한 7개의 주요 아이디어, 정의, 혹은 다른 세부적인 것들을 쓰도록 하라. 선생이 시험에 출제할 것 같은 정보를 결정하는 여러 가지 방법이 있다. 예를 들어, 선생이 말하는 첫번째 것과 맨 나중의 것은 대체로 중요하다. 또한 선생의 강의내용이 빗나갔다가도 주제로 다시 돌아올 때는 그 주제가 거의 변함없이 중심 아이디어이다.

선생들은 전형적으로 수업의 전반부보다 후반부에 더 중요한 것들을 말한다. 마지막 10분 동안에 가장 많은 사실들을 소개하기 때문에 수업 중반쯤 원기를 북돋을 만한 말을 스스로에게 하라. 이 때쯤, 많은 학생들은 쓰느라고 손에 쥐가 날 무렵이며, 정신은 딴 데 가 있는 경우가 흔하다. 그러나 이 때는 당신이 정말로 노트 정리하기에 집중하는 것이 필요한 때이다. 선생들은 수업을 시작할 때 어느 정도 잡담을 하는 경향이 있고 점차 주제로 들어간다. 나중에서야 그들이 다루어야 할 양을 깨닫고 나서 보다 초점을 맞추어 강의를 진행하며 강조한 점을 되짚으며 끝마친다. 노트를 정리하는 사람으로서의 당신 또한 강조를 둔 끝마침을 해야 한다.

시험 문제들을 확인하기 위해 기억해 두어야 할 다른 몇 가지 중요한 지침들이 있다.

- 선생이 어떤 목록, 예를 들어 세 가지 아이디어, 네 가지 주요 유형, 다섯 가지 수준 등을 제시할 때 노트에 기록해 두라. 목록은 선생이 선다형 문제나 단답형 문제로 출제하기가 매우 쉽다.
- 어떤 비교든지 써 두도록 하라(예를 들어 A유형은 이것을 하고 B유형은 저것을 한다). 이것들 또한 좋은 문제들이 될 수 있다.
- 어떤 최상급들, 즉 '가장 많은', '가장 좋은', '가장 적은', '첫번째의', '마지막의' 등과 같은 것들을 노트 정리해 두라. 이것들은 좋은 문제들이 되며 선생들은 "여차여차한 일을 한 최초의 사람은 누구인가? 누가 마지막 사람인가? 누가 가장 잘 했는가? 혹은 누가 가장 성공적인가?"와 같은

질문들을 하기 마련이다.

- 당신이 중요하다고 생각하든 그렇지 않다고 생각하든 선생이 OHP로 제시한 것이나 칠판에 쓴 것들을 적어 두라. 이것은 어떤 중요하지 않은 정보를 당신이 적도록 요구할 것이나 그것은 또한 모든 사람이 중요하지 않을 거라고 생각하는 어떤 중요한 사실들을 획득할 수 있게 해 줄 것이다.
- 한 차례의 수업에서 반복되거나 혹은 여러 차례의 수업에서 언급된 어떤 정보를 적어 두도록 하라. 선생이 오늘, 내일, 그리고 다음 화요일날 어떤 아이디어, 사실, 혹은 인물에 대해 말하면, 당신은 그것이 시험에 나올 것임을 확신할 수 있다.
- 선생이 다소 고조되어서 강조하여 말한 거라든가 혹은 보통 때와 다른, 눈에 띄는 태도나 목소리로 말하는 어떤 아이디어에 대해서는 특별한 기록을 해 두어라.

중요한 정보를 확인하는 또 다른 방법은 누가, 언제, 어디서, 무엇을, 어떻게, 왜라고 하는 육하원칙의 질문을 개발하고 대답하는 것이다. 노트 종이의 중앙에 선을 그어 왼편에다는 문제를 써 보라(하나의 교과서나 강의에서 다루어진 여러 가지 하위 주제들에 대해 여러 페이지가 필요할 수도 있다). 강의를 듣고 있는 동안, 혹은 강의 직후 곧 종이의 오른편에 각 문제에 대한 답을 써라. 각 아이디어를 분리해서 배열하고 필요한 정보를 써넣을 공간을 남겨두기 위해 한 줄을 비워두라. 각 아이디어에다 -를 넣어라, 그런 다음 어떤 중요한 아이디어에 대해서는 + 표시로 바꾸라. 어떤 아이디어가 시험 문제로 나올 것 같으면 +를 * 로 바꾸어라.

이렇게 단순한 노트 정리하기의 예가 다음 페이지의 〔그림 2-1〕
에 있다.

　이 노트 정리하기 기법은 특히 역사 수업에서 유용하다. 그것
은 다른 과목들에서 또 다른 유형의 문제들을 이용하여 수정, 적
용해 볼 수 있다. 예를 들어 당신이 이상 심리학을 공부하고 있
다면, 각 장애에 대해 징후, 진단 기준, 인구 비율, 치료 등에 대

그림 2-1　노트 정리하기 표본

여기에 문제를 써라	여기에 답을 써라
콜럼버스는 누구인가?	- 이탈리아 제노바의 젊은이
(한 줄 띄기)	
그는 지구에 대해 무엇을 증명하길 원하였는가?	- 지구가 둥글다는 것을 증명하고 싶어함
(한 줄 띄기)	
그는 미국을 언제 발견했는가?	- 1492
(한 줄 띄기)	
그는 어디를 항해했는가?	- 동쪽 대신 서쪽으로 감으로써 인도로 항해하길 원했다.
(한 줄 띄기)	
그는 항해를 위한 자금을 얻는 데 왜 어려움을 겪었는가?	- 사람들은 지구가 평평하다고 생각했다.
(한 줄 띄기)	
자금을 얻기 위해 그는 어떤 나라로 갔는가?	- 프랑스, 영국, 스페인
(한 줄 띄기)	
어떤 왕과 왕비가 그에게 도움을 주었는가?	- 스페인의 페르디난도 왕과 이사벨라 여왕

해 한 페이지를 만들어 볼 수 있다. 질문에 대해 답을 채운 후에, 이 노트들을 스스로를 테스트하는 데 활용할 수 있다. 문제들만을 볼 수 있도록 종이를 세로로 접고 답을 기억하도록 노력하라.

3. 협동학습과 테이프 녹음하기

노트 정리를 가장 잘 하는 방법은 파트너십에 있다. 어떤 파트너와 함께 공부하는 것은 당신이 수업에서 들은 자료에 대해 말할 기회를 줄 것이다. 수업 내용에 대해 말하는 것은 회상을 크게 향상시킨다. 이상적인 조합은 두 학생이 노트를 적고, 능동적으로 듣고, 녹음기로 녹음하는 것이다.

강의를 녹음하는 것은 어렵지만, 특별히 당신이 청각적인 처리에 어려움이 있다든지 다른 학습 장애를 갖는다면, 또는 당신이 쉽게 주의가 산만해지고 마음이 어수선해지는 경향이 있다고 한다면, 매우 도움이 될 수 있다. 강의를 녹음하는 것이 지닌 가장 큰 장점은 확실하고도 신뢰할 만한 저장이 된다는 점이다. 그것은 당신을 이완시켜 어떤 것을 놓칠 것을 걱정하지 않고 듣기에 집중할 수 있게 해 준다. 당신과 파트너가 강의 내용을 이해하지 못한 경우에도 테이프로 돌아가서 원하는 만큼 다시 들을 수 있다(그러나 어떤 선생의 강의를 녹음하기 전에 그의 허락을 얻어라. 어떤 선생들은 녹음하는 것을 허용하지 않는다).

녹음하기의 함정

장점이 있음에도 불구하고 녹음하는 데에는 몇 가지 어려움이 있다. 전기를 이용하는 데 따르는 어려움 외에도, 테이프를 다시 듣는 데 따르는 불편함이 있다. 테이프로 50분 강의는 그것을 다시 듣는 데에 또 다른 50분이 걸린다는 것을 기억해 두어라. 또한 수업 중 녹음하는 것이 선생이나 다른 학생들의 주의를 분산시킬 수도 있다.

다른 문제는 학생들이 테이프에 의존하기 시작하여 수업 시간에 주의를 기울이지 않을 때 일어난다. 듣기와 노트 정리를 멈추지 말라! 강의를 녹음하는 학생들은 나중에 테이프로 들을 수 있기 때문에 수업 중에 들을 필요가 없다고 자주 생각한다. 이것은 어리석은 생각이다. 그 자료를 학습하는 데 걸리는 시간을 왜 두 배로 소비하는가? 수업 중에 듣고 노트 정리를 하면, 수업이 끝난 후에 테이프 전체를 다시 들을 필요가 없다. 당신이 노트 정리하면서 가진 구체적인 질문들에 답하기 위해 테이프의 일부분만을 들으면 된다.

또 다른 문제는 녹음을 하게 되면 잘못 이해할 수도 있다는 점이다. 테이프를 들을 때면, 선생의 신체 언어는 놓치게 되는데, 그것은 자주 구두로 표현된 말보다 더 많은 정보를 제공한다. 테이프는 또한 단조로운 소리를 갖는다. 그것은 선생의 말 패턴을 항상 반영하지는 못하며 자주 선생의 정서적 반응을 전달하는 데 실패한다. 게다가, 선생들은 가끔 관심을 불러일으키고 요점을 강조하기 위한 노력으로 부정확한 정보를 말한다. 정확한 정보는 칠판이나 OHP로 제시할 수 있는 것이지, 구두로 제시할 수 있는 것은 아니기 때문에 녹음된 내용은 정확도가 떨어진다.

　이들 녹음 테이프의 함정에 빠지지 않도록 주의한다면, 녹음하는 것은 매우 유용할 수 있다. 그것은 좋은 생각이며 녹음하라고 우리는 권유한다. 그러나 그것이 듣기와 노트 정리하기를 그만두는 구실이어서는 안 된다.

4. 노트를 복습하기

　노트 정리의 가장 중요한 장점은 즉각적으로 복습할 수 있는 자료를 준다는 점이다. 그날 정리했던 것들을 잊어버리지 않도록 같은 날 혹은 저녁에 복습하고 그것들을 그 학기 동안 주기적으로 계속 복습하라. 매일 최소 5분 동안 각 과목을 복습하라. 복습함에 따라 노트 기록들을 편집하고 늘려가라. 당신에겐 노트 정리하지 않은 얼마간의 자료가 항상 있을 것이며, 이미 읽긴 했는데 이해하는 데 어려움을 가졌던 몇 개의 노트 기록들이 있을지 모른다. 수업이 끝난 후 2시간 내지 3시간 내에, 기억이 아직 생생할 때 노트를 읽기가 쉽다는 것을 확인해 보라.

　사람들이 변화하는 상황에서 정보를 얼마나 기억하는지에 대한 도표인 학습곡선은 노트들을 복습하는 것이 회상에 어떻게 영향을 미칠 수 있는지를 이해하는 데 유용하다. 그것은 사람이 여러 상황에서 얼마나 빠르게 정보를 잊는지를 보여주기 때문에 망각 곡선이라고도 부를 수 있다. 이 곡선을 나타내는 〔그림 2-2〕

와 〔그림 2-3〕을 보라. 도표에서 볼 수 있듯이, 복습하지 않을 때 회상은 급격하게 떨어진다. 우리가 복습하지 않으면, 6일 후에는 들은 것의 단지 20% 내지 25%만을 회상한다. 6개월이 지났을 때 우리는 들은 것의 22%와 본 것의 24% 정도만을 기억한다(우리가 스스로 행동을 했을 때는 회상이 더 잘 된다. 6개월 후 우리는 스스로 행한 것의 94%와 말한 것의 76%를 기억한다).

노트들을 간단히 매일 복습하는 것은 정보 회상률이 떨어지는 것을 막아준다. 매일 노트들을 복습하라. 한 시간 분량의 노트들을 1~2분 정도에 복습할 수 있기 때문에 복습하는 데 많은 시간이 필요한 것은 아니다. 당신이 5일 동안 연속해서 노트들을 복습한다면, 당신은 6일 동안 80%에서 85%의 정확도로 정보를 회상할 수 있을 것이다(이러한 회상은 6개월 후에는 희미해진다). 이러한 백분율은 노트 정리하기의 중요성과 그것을 매일 복습하는 것의 중요성을 나타내는 것이다. 이것은 또한 당신의 노트 내용에 관해 파트너와 토론하는 것의 가치를 강조하는 것이기도 하다. 왜냐하면, 듣거나 읽은 것보다 자신이 말한 것을 훨씬 더 잘 기억할 수 있기 때문이다.

〔그림 2-3〕에서 회상률이 매일 떨어짐을 주목하라. 매일 복습함으로써 보다 높은 수준의 회상을 유지할 수 있다. 5일 동안 노트들을 복습한 후에 그 학기가 끝나거나 더 이상 대부분의 정보를 회상해야 할 필요가 없을 때까지 일주일에 한 번씩 그것들을 계속 복습해야 한다.

복습하면서 당신은 노트들을 또한 조직할 수 있으며 정보 조각들을 연결하는 화살표를 그리며, 주석을 달고 내용을 추가해 볼 수 있다. 여백에 질문과 논평을 써라. 보통 크기의 종이에 많은

그림 2-2 학습곡선: 복습하지 않았을 때 읽거나 들은 정보의 회상률

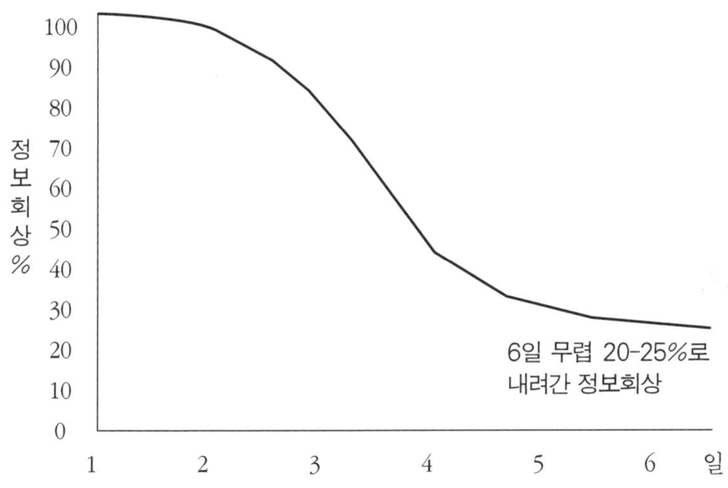

그림 2-3 매일 복습했을 때의 학습곡선

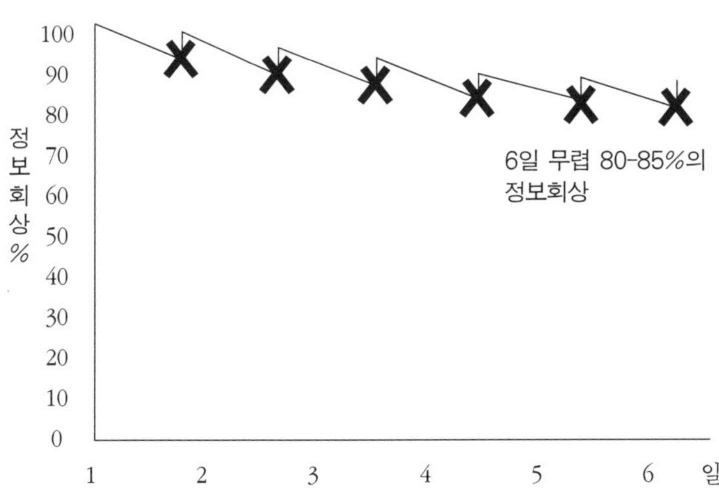

여백을 둘 수 있다. 점차 당신의 노트는 저널의 성격을 띨 것이다. 그 노트들은 당신의 사고와 질문을 반영하기 시작할 것이고, 그러면 그것들은 귀중한 학습 보조물이 될 것이다.

노트 정리하기 연습문제

1. 노트 정리에 파트너가 필요한 이유는 무엇인가?
2. 듣고 노트를 정리하기 위해 수업 중 가장 중요한 시간은 무엇인가?
3. 노트 정리하는 데 이용할 수 있는 최소 두 가지 방법을 들어 보아라.
4. 수업 후에 자신이 기록한 내용을 개선하기 위해 왜 노력해야 하는가?
5. 자신의 노트 정리에 주석을 단다고 하는 것은 무엇을 의미하는가?
6. 노트 정리는 최소한 몇 번 정도 복습해야 하는가?

노트 정리하기 연습

1. 친구와 함께 라디오 뉴스를 들어라.

> 가. 들을 준비를 하라.
> 나. 필기할 준비를 하라(종이, 연필, 쓸 장소를 준비하라).
> 다. 뉴스의 최소 세 가지 특징을 가능한 한 주의 깊게 정리하도록 하라.
> 라. 뉴스를 들은 후, 최선을 다해 자신의 노트 기록을 개선시켜라.
> 마. 자신의 노트 기록을 친구와 비교해 보아라.

2. 당신과 친구의 노트를 다음의 준거를 이용하여 평가하라.

> 가. 각자의 노트 기록은 뉴스에서 표현된 중심 아이디어를 포함하는가?
> 나. 다른 정보를 첨가할 수 있도록 노트 기록에 여백이 있는가?
> 다. 각 아이디어는 다른 아이디어와 구분되는 방식을 취하고 있는가?

3. 수업에서, TV 프로그램에서, 대화에서, 그리고 다른 의사소통 영역에서 필기할 때에 1과 2에 있는 지시를 따르라. 다시, 당신의 노트 기록을 친구의 것과 비교하고 평가하라.

노트 정리하기 요약

1. 완벽하기를 기대하지 말라. 어떤 사람도 선생이 강의에서 한 모든 말을 적지는 못하며 그렇게 해서도 안 된다.
2. 노트 정리를 안전한 장소에 보관해라.
3. 종합장 대신에 루즈리프 식의 파일을 이용하라.
4. 각 과목에 대해 주별로 파일을 지녀라.
5. 시험 문제를 확인하도록 애써라. 수업의 마지막 10분 동안 특별한 주의를 기울이고 다음 사항에 대해 노트 정리하도록 하라.

> 가. 선생이 말하는 첫번째 것과 마지막 것
> 나. 선생이 반복하는 아이디어
> 다. 목록, 비교, 최상급
> 라. 칠판에 적거나 OHP로 제시하는 아이디어
> 마. 선생이 강조하여 말하는 아이디어
> 바. 선생이 흥미 있어 하는 아이디어
> 사. 선생이 보통 때와는 다르거나 눈에 띄는 표현으로 기술하는 아이디어
> 아. 선생이 쓰라고 말한 아이디어

6. 두 개의 세로줄로 된 노트 정리 방식을 이용하여 누가, 언제, 어디서, 무엇을, 어떻게, 왜에 대한 질문을 개발하고 답하라.
7. 정보의 격차를 메우기 위해 파트너와 자신의 노트 기록을

서로 돌려보아라.

8. 수업에서 이해하지 못한 것이거나 검토해 보길 원하는 정보를 다시 듣기 위해 녹음기를 이용하라.

9. 가능한 한 강의 직후 각 강의를 다섯에서 아홉 문장으로 요약해 보아라.

10. 당신의 기억, 독서, 그리고 파트너의 노트를 통해 당신의 노트 기록에 어떤 사항들을 덧붙여라.

11. 매일 최소 5분 동안 모든 과목의 노트 기록을 복습하라.

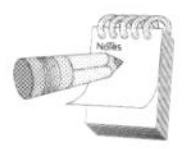 # 제3장 공부를 위한 읽기

세 번째 주요 투입 기술은 보다 효과적으로 공부하고 더 좋은 성적을 얻기 위해 학습에서 의당 지불하는 것으로서 바로 공부를 위한 읽기이다. 학생들은 수업에서 듣기를 통해 대부분의 정보를 얻지만 훨씬 많은 정보를 읽기에 의해, 특히 공부를 위한 읽기를 통해 얻는다.

여러 종류의 읽기가 있다. 공부를 위한 읽기라고 했을 때, 우리는 (가) 자료에 대한 광범위한 이해를 발달시키고, (나) 학습이 필요한 구체적인 정보를 확인하기 위해 어려운 자료를 읽는 것을 의미한다. 우리가 여기에서 사용하는 용어들의 의미에 있어서 읽기와 학습 간에는 중요한 차이가 있다. 많은 학생들은 예상되는 시험이 무엇에 대한 것일지를 이해한다. 그들은 친구들과 함께 노트 기록들을 펼쳐보고, 서로 가능한 시험 문제들에 대해 토의하며, 일반적으로 그 자료를 이해한다. 그러나 그들은 시험을 잘 못 치를 수 있다. 흔히 이것은 그들이 하지 않았던 어떤 것 때문에 일어난다. 그들은 자료를 이해할 수는 있었으나 그것을 충분히 아는 데 필요한 만큼 구체적으로 학습한 것이 아니기 때문이다. 그들은 전형적으로 미묘한 정의상의 문제들인 애매하며 어려운 선다형 문제들에 답할 만큼 세부사항들을 충분히 잘 알지 못했다. 여기에서 반드시 알아야 할 점은 중요한 정의들과 구체적인 세부사항들을 알지 못한다면 대부분의 선다형과 단답형 시험을 잘 칠 수 없을 것이라는 점이다.

이해를 학습과 혼동하는 것과 마찬가지로, 많은 학생들은 공부를 위한 읽기를 공부하기와 혼동한다. 공부를 위한 읽기는 공부하기가 아니다. 그것은 공부하기 위해 정보를 수집하는 것이다. 수업을 들으면서 필기할 때 공부하고 있다고 생각하지 않는다. 당신은 나중에 공부할 자료를 얻고 있다고 생각한다. 공부를 위한 읽기는 같은 종류의 과정이다. 그것은 실제로 듣기와 매우 유사하다. 당신이 공부를 위한 읽기를 할 때, 수업에서 선생의 말을 듣고 있는 것처럼 교재를 쓴 저자의 말을 듣는 것으로 생각해야 한다.

1. 설교자의 방법

공부를 위한 읽기의 목적은 기억해야 할 정보를 확인하고 광범위하게 서술되어 있는 것들을 이해하는 것인데, 이것은 또한 듣기에서의 두 가지 주요 과제이기도 하다. 효과적인 듣기 방법과 효과적인 읽기 방법은 비슷하다. 설교자가 했던 것을 생각해 보

아라. 보다 효과적으로 읽기 위한 설교자의 방법은 잘 듣기 위한
방법과 같다. 즉 읽으려고 하는 것을 사전검토하고, 매우 적극적으로
읽으며, 끝마쳤을 때는 그것을 요약하라.

사전검토하기

공부를 위한 읽기에서 첫번째 단계는 읽으려고 하는 것이 무엇
인지를 파악하는 것이다. 제목, 하위제목들, 그리고 볼드체로 된
글은 어떤 것이나 읽으라. 서문이나 첫번째 단락을 읽으라. 어떤
그림이나, 표, 그래프, 도표, 그리고 그에 따르는 표제들을 보라.
그 장의 말미에 있는 문제들을 읽고, 요약이나 마지막 단락을 읽
으라. 읽게 될 내용에 대해, 그리고 중심 아이디어가 무엇일지에
대해 생각해 보라. 또한 당신이 이미 이 주제에 대해 무엇인가를
아는지에 대해 생각해 보라. 사전검토의 전 과정은 5분 이상이어
서는 안 된다. 이러한 간단한 조치들로 인해 교재의 내용이 무엇
에 관한 것인지를 아주 잘 생각할 수 있게 될 것이다. '아주 잘
생각'이라고 했을 때, 우리는 그 장의 10% 내지 20%의 이해를
의미하며, 아마 보다 많은 이해는 당신이 그것에 대해 이미 알고
있는 것에 달려 있을 것이다.

훑어보기

설교자의 방법은 사전검토한 후에 자료를 읽어야 할 것을 제안
하다. 자료를 처음에 훑어보게 되면, 당신은 그것을 더 잘 읽을
것이다. 빨리 훑어보라. 페이지마다 약 30초씩을 할애하라. 훑어

보기는 역동적인 훑어보기(dynamic skimming), 표집하기(sampling) 등 백여 가지에 이르는 방법이 있다. 우리가 사용하는 방법인 '첫번째, 첫번째, 마지막'은 훑어보기의 표집하기 방법인데 우리가 가르친 모든 집단에서 아주 효과적이다.

'첫번째, 첫번째, 마지막' 훑어보기는 다음과 같이 진행된다. 자료를 사전검토한 후, 주의 깊게 첫번째 단락을 읽고, 그런 다음 모든 단락에 있는 첫번째 문장을 읽고, 그리고 나서 마지막 단락을 읽어라. 당신은 이미 자료를 사전검토했기 때문에, 약 10% 내지 20% 정도의 이해를 한 상태로 시작하게 될 것이다. 일단 훑어보면, 당신은 약 50% 정도를 이해할 것이다. 텍스트를 훑어본 후에 요약을 다시 읽으라. 여기까지 했을 때, 당신은 그 자료와 관련된 강의를 잘 들을 수 있을 정도로 그것에 관해 아주 잘 알게 될 것이며, 그것은 놀라울 정도로 적은 시간만으로도 가능하다. 읽는 데 한 시간 걸리는 한 장은 단지 10분 내지 15분만으로 사전검토하고 훑어볼 수 있다. 이로 인해 45분을 절약할 수 있으며 나머지 50% 정도는 교실에서 이해할 수 있도록 남겨둔다.

사전검토와 훑어보기를 하고 나면 수업에서 잘 들을 수 있는 준비가 되게 된다. 당신은 약 50% 정도의 정보를 알기 때문에 수업에서 대부분의 다른 학생들에 비해 더 많은 것을 아는 것이다. 이로 인해 당신은 호기심을 갖고 주의 깊게, 열중할 수 있다. 또한 선생이 말하려는 바의 약 50%를 알 때, 당신은 지적인 질문을 할 수 있고 그렇게 했을 때 아주 잘 이해할 수 있게 될 것이다. 이런 종류의 능동적인 듣기는 당신의 이해를 심화시킬 것이며, 그것은 시험에 나올 가능성이 있는 문제를 확인하도록 도울 것이다.

능동적 읽기와 노트 정리하기, 그리고 학습 카드

    수업 후, 자료를 주의 깊게 읽으라. 20분 내지 30분 단위로 읽고 각 단위마다 약간의 휴식을 취하라. 집중을 최대화한 상태로 그 보다 한층 긴 시간을 지적으로 민감한 채로 있기는 어렵다. 멈추지 않고 전체 텍스트를 읽으려고 하는 많은 학생들은 무아지경 상태로 책을 보고는 있으나 마음은 책으로부터 저만치 떨어져 있다. 이것을 피하도록 돕기 위해 우리는 청킹이라 불리는 절차를 추천한다. 이것은 읽을 분량을 작은, 쉽게 소화할 수 있는 부분들로 나누고 한번에 한 부분을 끝마치는 데 초점을 맞춘다. 각

그림 3-1 학습 카드의 예

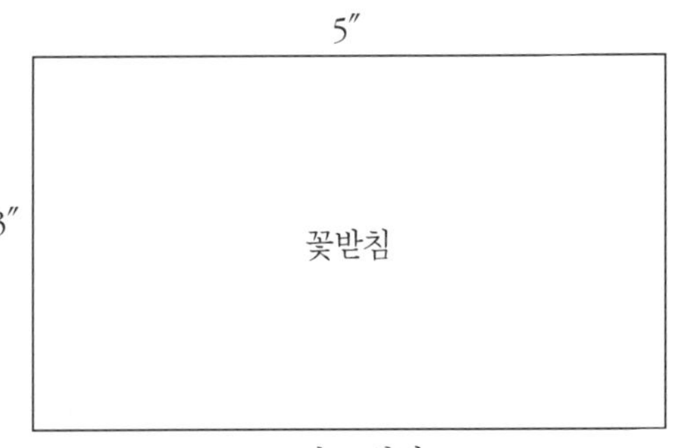

부분을 읽은 후에 노트에 그것의 중심 아이디어를 재진술하고, 지금까지 읽어 온 맥락 속에 그것을 끼워 맞추는 시간을 잠깐 가져라.

읽기는 듣기처럼 매우 능동적인 과정이다. 스스로에게 질문하고 책에 표시를 하라. 당신이 자료에 관한 생각을 할 때, 그것을 가장자리나 스티커 종이에다가 쓰라. 또한 수업에서 필기한 노트에 덧붙이거나 수업에 참석하기 전에 수업에서 노트 정리하게 될 중요 사항들을 준비할 수 있다.

읽기를 할 때는 연필을 지닌 채로 하고, 읽으면서 쓰는 것도 같이 하도록 하라. 이렇게 기록한 것들을 하나의 종이에다 따로 요약 방식으로 옮겨라. 날짜별, 과정별, 용어별, 사람별, 공식별 등등의 정보를 지닌 3×5 인치 크기의 학습 카드를 만들어라. 학습 카드의 한 예가 〔그림 3-1〕에 있다. 당신은 다른 과목들에 대해 서로 다른 색깔로 카드를 작성하길 원할 수도 있다(예를 들어, 생물학은 녹색, 수학은 파란색 등). 한 장의 카드에 하나의 용어, 과정, 사람만을 기록하라. 카드의 뒷면에는 용어/정의, 날짜/사건, 과정/이용, 사람/성취, 공식/활용 등 보충 정보들을 넣으라. 매일 복습할 때 이 카드들을 이용할 것이다(8장을 보라).

요약하기

사전검토하고, 훑어보고, 주의 깊게 읽고, 그 자료에 대해 필기했다면, 당신은 90% 이상의 이해를 하였다. 그리고 설교자의 방법이라는 과정의 처음 두 단계를 마쳤다. 세 번째 단계는 요약하기이며, 이는 중요한 단계이다. 읽을 때, 그 자료를 마음속으로 요약하라. 자신의 말로 그 내용을 재진술하라. 자료를 보다 간결하고 보다 명확하게 만들어라. 그것을 당신 자신의 것으로 만들어라. 이러한 정신과정을 실행할 때 당신은 단지 정보를 수집하는 것만이 아니라 그것을 보다 쉽게 학습할 수 있는 자료로 처리하는 것이다. 당신의 요약을 수업 노트에 덧붙이라. 이 노트 기록들을 5일 동안 복습하면, 읽기 자료의 약 80% 내지 85%를 암기할 수 있게 될 것이다.

요약하기는 '그것은 무엇을 의미하는가?, 선생은 이 장에 관해 어떤 시험문제를 낼 것인가?, 어떤 정의가 중요한가?, 어떤 용어, 어떤 동일시, 어떤 아이디어가 중요한가? 그리고 어떤 종류의 논술 문제가 시험에 나올 것인가?' 와 같은 질문들을 하는 것과 관련된다. 당신에게 몇 개의 논술 문제들이 떠오른다면, 그것들 중의 하나나 몇 개의 조합이 시험에서 나오리라는 점을 확신할 수 있을 것이다.

요약의 일부로서 그 자료가 이전에 학습했던 정보, 즉 이전 장에서나, 이전 수업에서나, 다른 강좌에서, 혹은 과거 어느 시기에 얻은 정보와 맞는가를 스스로에게 물어라. 논술 문제에 답하는 것은 여러 정보들을 관련지을 수 있는 능력이 발달되도록 해준다. 교과서에는 자주 그 장의 말미에 좋은 논술 문제들이 제시되는데, 그것들은 정말 도움이 될 수 있다. 그러나 가끔은 도움이 되지 못하는데 이때는 우리의 요약 매트릭스가 대안으로 기여할 수 있다.

이해 요약 매트릭스([그림 3-2]를 보라)는 누가, 무엇을, 어디에서, 언제, 왜, 어떻게라는 질문에 대한 대답에 기초하여 당신이 읽은 것을 요약하도록 돕는 틀이다. 그것은 또한 중심 아이디어와 3개 내지 4개의 보조 아이디어를 확인하길 돕고, 일반적인 요약(5개

그림 3-2 이해 요약 매트릭스

사전검토

누가		중심 아이디어	
무엇을			
언제		보조 아이디어	
어디에서			
왜		보조 아이디어	
어떻게			

훑어보기

누가		중심 아이디어	
무엇을			
언제		보조 아이디어	
어디에서			
왜		보조 아이디어	
어떻게			

읽기

누가		중심 아이디어	
무엇을		보조 아이디어	
언제		보조 아이디어	
어디에서		보조 아이디어	
왜		보조 아이디어	
어떻게		보조 아이디어	
한 문장으로 요약			
집중 점수	논평 :		

에서 9개의 문장들로 이루어진)을 기록하는 공간을 포함한다. 이 방법은 한 페이지로 그 자료가 이야기하는 바에 대해 멋진 요약 정리를 만들어준다.

요약 매트릭스는 문학작품을 읽을 때, 정보획득을 위한 읽기를 할 때와 역사 관련 서적을 읽을 때, 그리고 누가, 무엇을, 어디에서, 언제, 왜, 어떻게라는 질문에 대한 답을 가진 그 밖의 여러 유형의 읽기를 할 때 정말 효과적이다. 예를 들어, 단편소설이나 과학적 발견을 묘사하는 설명은 이런 종류의 요약을 하는 것이 적절하다. 그러나 요약 매트릭스는 화학에는 효과적이지 못하고, 수학에는 더욱더 효과적인 것이 못된다.

사전검토하기, 훑어보기, 주의 깊게 읽기, 요약하기의 방법에 이어 과목마다 각 과목에 맞는 기법들이 있다. 예를 들어 수학은 사전검토하고 훑어본 후에 연필을 가지고 교재에 있는 예들과 문제들을 풀어가면서 읽어야 한다. 그 방법으로 하나의 주제를 이해할 뿐 아니라, 그 영역에 있는 문제들을 실제로 풀어보는 연습을 하게 된다. 또한 수업에서 그 자료에 대해 말하고 선생의 말을 들을 준비가 되어있는 큰 장점을 지니게 된다. 수학 수업에서 논의되는 주제를 이해하는 데 실패한 사람은 그것이 얼마나 당황스러운지를 기억할 것이다. 그러나 선생이 말하는 내용을 이해한다면 강의는 의미 있게 된다. 당신은 강의를 따라갈 수 있고, 논의된 것 가운데 일부는 매우 많이 알게 된다. 수학 선생들은 이해하는 학생들을 매우 고마워한다.

2. 공부를 위한 읽기를 향상시키기

보다 효과적으로 읽기 위해 당신은 어떻게 학습하는가? 테니스를 많이 해 보는 것이 더 좋은 테니스 선수가 되게 하는 것처럼, 읽기를 많이 해 봄으로써 더 좋은 독서가가 될 수 있다.

우리가 보통 권장하는 정도는 학기 중에는 매일 최소한 30분을 읽고, 학기 중이 아닌 방학 때는 매일 한 시간이나 그 이상을 읽는 것이다. 즐겁고, 비교적 쉽게 읽을 수 있으며, 그리고 잘 이해할 수 있는 책, 신문, 혹은 잡지들을 찾아보라. 그것들은 당신으로 하여금 점점 더 읽게 하고 보다 효과적으로 읽을 수 있게 하는 것들이어야 한다. 우리는 읽고 있는 것을 흥미 있어 할 때 더 효과적으로 읽는 경향이 있다. 일상에서 발견할 수 있는 가장 흥미로운 자료들을 읽도록 하라.

보다 좋은 독서가가 될 수 있는 비결은 즐거움을 위한 읽기라는 사실을 잊지 않도록 하라. 매일 읽는 학생들은 그들의 읽기 기술을 크게 발달시킬 수 있다. 보다 빠르고 효과적으로 읽게 됨에 따라, 읽기는 더욱 심오한 영향을 당신에게 미치게 될 것이다. 당신은 보다 나은 어휘를 발달시킬 것이며, 더 유능한 학생이 될 것이며 공부 외에 하고 싶은 일들에 더 많은 시간을 가질 수도 있을 것이다.

또한 읽기 속도를 향상시키도록 노력하라. 왜냐하면 빨리 읽는 것은 이해를 향상시킨다. 당신이 말할 수 있는 이상의 속도로 읽는 것이 필요하다. 빨리 읽지 못한다면, 세부적인 것에 빠져 꼼

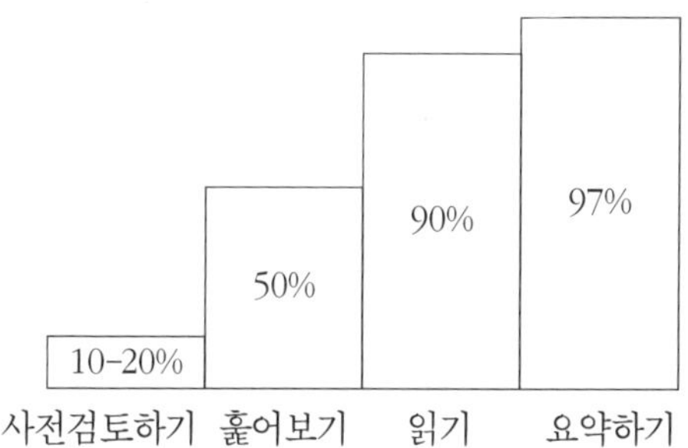

그림 3-3 공부를 위한 읽기: 100% 이해를 구축하기

짝 못하는 경향이 있어서 그런 것이다.

이해하기 위해서, 그리고 문제들을 확인하기 위해서 자료를 읽고 있는 것이지 학습하기 위해서가 아니라는 점을 기억하라. 기억하기 위해서 하는 읽기는 읽기를 잘 할 수 없게 하기 때문에 기억하기 위해 읽으려 하지 말아라. 같은 단락을 반복하여 다시 읽는 것을 피하라. 나중에 우리는 기억하는 방법에 대해 이야기할 것이지만, 기억은 재차 읽는 것에 의한 것이 아니다. 이해하기 위한 읽기의 가장 좋은 방법은 사전검토하고, 훑어보고, 생각하면서 읽는 것이며, 텍스트에 표기를 하고, 노트 정리하는 것이다. 그렇게 했을 때 당신은 읽은 내용으로 되돌아와서 그것을 기억할 수 있다.

일반적으로, 학생들이 공부를 위한 읽기에 사용하는 시간은 엄청나다. 학생들은 듣기를 할 때 비효과적으로 공부하는 경향이 있는데, 그 점은 개선해야 할 여지가 크다. 공부를 위한 읽기를 효과적으로 할 수 있다면, 우세한 경쟁력을 지닐 것이다.

공부를 위한 읽기 연습문제

1. 당신의 독해력을 향상시키는 두 가지 방법을 말하라.
2. 공부를 위한 읽기를 할 때 당신은 자료를 이해하는 것이 왜 어려운가?
3. 왜 읽기는 공부하는 것이 아닌가?
4. 공부를 위한 읽기에 설교자의 방법을 어떻게 적용하는가?
5. 사전검토 후 훑어보기를 할 때 몇 퍼센트 정도의 정보를 이해하도록 기대해야 하는가?
6. 육하원칙은 무엇인가?
7. 육하원칙은 독해를 어떻게 향상시킬 수 있는가?
8. 청킹은 무엇을 의미하는가?
9. 요약하기는 읽기 자료를 이해하는 데 어떤 도움을 줄 수 있는가?

공부를 위한 읽기 연습

1. 당신이 즐기기 위해 읽을 때 위에서 설명한 설교자의 방법을 따르도록 노력하라. 신문을 읽을 때 다음과 같이 연습하라.

> 가. 신문을 읽으려 할 때, 제목을 읽어라.
> 나. 읽기 시작하기 전에 중심 아이디어가 무엇일지에 대해 생각하라
> 다. 첫번째 단락을 읽어라. 그것은 누가, 언제, 어디서, 무엇을, 어떻게, 왜 했는지에 대해 무엇인가를 말해 줄 것이다.
> 라. 그런 다음, 그 이야기의 나머지를 능동적으로 읽고, 다섯 문장 내지 아홉 문장으로 읽은 것을 요약하여라.

연습을 함에 따라 당신은 보다 능숙해질 것이고, 속독을 더 잘 하고, 읽은 것에 대한 설명을 더 잘하게 될 것이다. 신문을 내려놓은 지 오래 지나서도 읽은 내용이 상세하게 떠오름으로써 당신은 놀라워할 것이다.

2. 지금 사용하고 있거나 다음 학기에 이용할 교과서를 하나 선택하라. 어려울 것으로 보이는 것을 선택하는 것이 가장 좋을 것이다.

> 가. 공부할 예정인 다음 장이나 다음 학기에 이용할 책의 첫 장을 사전검토하라. 주의 깊게 다음의 단계들을 따르라.
> • 제목을 보고 무슨 내용일지 생각해 보라.
> • 그 장의 서문이나 첫째 단락을 읽어라.
> • 그 장을 빨리 훑어보라. 모든 삽화, 그림, 표, 그래프 등을 보고,

큰 표제를 읽으라. 또한 모든 볼드체 글자를 보라.
- 그 장의 마지막 단락이나 요약을 읽어라.
- 육하원칙에 대답하라. 그 장의 중심 아이디어를 쓰고, 당신이 학습한 두세 가지의 다른 요점들을 써 보라.

나. 친구와 함께 중심 아이디어와 부수적인 아이디어로 본 것을 서로 공유하라. 육하원칙에 입각한 답변도 서로 나누어 보라.

다. 당신 생각에 텍스트에서 답변되어야 할 질문들의 목록을 만들어 보라.

라. 당신이 알고 있는 정보가 얼마나 많으며, 여전히 배울 필요가 있는 중요한 것들은 무엇이라고 생각하는지를 평가하라.

3. 공부를 위한 읽기 방법을 이 책을 읽지 않은 사람에게 가르치라.

가. 공부를 위한 읽기가 어떻게 작용하는지, 그것은 즐기기 위한 읽기와 어떻게 다른지, 그리고 독해를 개선시키는 방법을 다른 사람에게 말하라.

나. 그 사람이 연습 1을 하게끔 하라.

다. 그 사람과 함께 그 과정을 평가하라.

라. 그 사람이 공부를 위한 읽기의 모든 연습문제를 확실히 답할 수 있게 하라.

공부를 위한 읽기 요약

공부를 위한 읽기는 대부분의 사람들이 생각하는 것과 매우 다르다. 대부분의 사람들은 책을 펴고 처음부터 끝까지 읽는다고 생각한다. 그러한 접근은 신문을 읽을 때는 적절할지 모르나 시험을 치르게 될 교재를 읽을 때는 적합하지 않다. 읽기는 듣기와 유사하며, 공부를 위해 읽는 방법은 듣는 방법과 유사하다. 즉 읽기 위해 준비하고 능동적으로 읽으며 그런 다음, 읽은 것에 대해 생각하게 된다. 당신이 취해야 할 조치는 다음과 같다.

1. 사전검토하기(5분; 10~20% 이해)

> 가. 제목과 모든 하위 제목들을 읽어라.
>
> 나. 서문이나 첫번째 단락을 읽어라.
>
> 다. 볼드체로 된 글을 읽어라.
>
> 라. 그림, 표, 그래프, 도표와 그것들에 있는 표제를 보아라.
>
> 마. 그 장의 말미에 있는 문제들을 읽어라.
>
> 바. 요약이나 마지막 단락을 읽어라.
>
> 사. 중심 아이디어와 하나 혹은 두 개의 부수적인 아이디어를 확인하라.
>
> 아. 이 아이디어를 당신이 이미 읽은 것에 관련지어라.

2. 훑어보기(5~10분; 50% 이해)

> 가. 첫번째 단락을 주의 깊게 읽어라.
> 나. 모든 단락의 첫번째 문장을 읽어라.
> 다. 마지막 단락을 읽어라.
> 라. 요약을 다시 읽어라.

3. 능동적인 읽기(20~30분 단위들: 90+% 이해)

> 가. 읽기를 작은 부분들로 나누어라.
> 나. 책에다가 강조할 부분을 표시하고 논평과 질문들을 써라.
> 다. 읽기와 관련된 필기를 하라.
> 라. 기록한 것을 다른 종이에 옮겨 써라.
> 마. 매일 공부할 것으로 3×5 인치 학습 카드를 만들어라.

4. 요약하기(90~100% 이해)

> 가. 자신의 말로 자료를 간결하게 요약하라.
> 나. 자신의 요약을 수업에서 기록한 것들에 덧붙여라.
> 다. 그 자료에서 나올 시험 문제가 무엇일지에 대해 생각해 보라.
> 라. 그 자료를 이미 알고 있는 것에 관련시켜라.
> 마. 교과서 문제나 이해 요약 매트릭스를 사용하여 그 자료에 관한 문
>   제들에 답변하라.

제4장 투입으로서의 교실 참여

교실 참여는 학습능력 향상 시스템의 세 가지 차원 가운데 일부이다. 당신이 수업료를 내면서 학교에 다닌다면 교실에서의 경험은 대가를 지불해야 하는 것이 된다. 어떤 수준의 학교나 마찬가지인데, 학교는 건물로 설계되고, 보살펴주고, 교실을 지원해주는 기관이다.

교실은 투입(정보, 기술, 태도, 가치관)을 얻는 곳이며, 학교는 당신이 학습하기를 기대한다. 바람직한 학생은 교실에서의 경험을 활용한다. 보통 수업 참석이 요구되기 때문에 당신은 각 수업에서 경험하는 것들을 모두 학습할 수 있다.

바람직한 수업 참여에서 첫번째로 고려할 사항은 의도성의 문제이다. 교실이 학습의 커다란 원천이 되기 위해서는 자신에게 학습하려는 의도가 있어야 한다. 당신은 수업에서 제공하는 정보는 무엇이나 받아들일 것을 기대하면서 수업에 참석해야 한다. 또한 협력할 의향을 가지고 와야 한다.

수업의 구성원들 및 선생과 협력하는 것은 여러 가지 학습의 가능성을 열어놓는 것이다. 학급 친구들로부터 배워라. 그들에게 수업에서 다룬 것과 행한 것에 대해 말하라. 교실 토론에 참여하라.

당신이 가져야 할 또 다른 태도는 학습에 대한 적극성이다. 지적인 소비자의 태도를 가지고 수업에 참여하라. 당신은 수업 경험을 위한 대가로 수업료를 지불한다. 그러므로 그 값에 해당하는 것을 마음속으로나 행동으로 요구해야 한다. 학교교육은 매우 값이 비싼 편이어서 최선의 것이 아니면 구매하길 거부하는 열정을 가질 필요가 있다.

당신은 또한 돈만큼이나 혹은 돈보다 더 중요한 자원을 소비하고 있는데, 그것은 바로 시간이다. 시간을 돈만큼 적극적으로 활용해야 한다. 듣는 것을 모두 이해할 각오를 하고 수업에 들어가라. 선생이 시간을 낭비하지 않고 명료하고도 충분한 설명을 제공할 준비가 되어 있다고 기대하라. 당신 자신을 포함하여 아무도 학습할 기회를 강탈하지 못하게 하라.

1. 수업을 위한 준비

적절한 수업 참여는 당신이 수업에 참석할 준비가 되어 있을 것을 요구한다. 너무나 자주 학생들은 그들이 즐기기 위해서 거기에 가 있는 것처럼, 그리고 수업을 잘 받기 위해 사전지식이 필요하지는 않는 것처럼 생각하고 수업에 참석한다.

수업에 들어가기 전에 다음과 같은 일을 하라.

1. 수업 중에 다루어질 교재의 부분을 훑어보아라.
2. 교재를 훑어보는 동안 어떤 새로운 어휘가 있으면 확인하고 그것에 친숙해져라. 수업에서 받아야 할 필요가 있는 가장 중요한 투입은 내용의 이해이다. 어휘에 익숙하지 못하다면, 선생이 다루는 내용을 이해하기가 매우 어려울 것이다.
3. 수업에서 다루어질 자료에 대해 질문들을 만들어 보아라. 무엇을 알고 싶은지에 대한 생각이 없이 수업에 들어가는 것에 비해 대답을 듣길 원하는 것에 대한 질문을 가지고 들어갈 때 학습은 훨씬 잘 될 것이다. 다가온 수업에 대해 마음 속으로 질문을 제기하는 학생은 전체 장을 읽은 학생에 비해 더 잘 준비된 학생이다.
4. 수업 참여를 위한 준비로서 마지막 방법은 수업에 앞서 짧은 시간 동안 주제에 대해 생각해 보는 것이다. 그 주제나 관련 주제에 대해 이미 알고 있는 바에 대해 생각해 보라. 자신에게 누가, 무엇을, 언제, 어디서, 왜, 어떻게라는 육하원칙의 질문을 하라. 이러한 질문은 당신의 사고과정을 안내하여 수업에 효과적으로 참여할 준비를 하도록 돕는다.

투입을 위한 주요 규칙

1. 설교자의 방법을 기억하라.

> 가. 당신이 사람들에게 말하려고 하는 바를 말하라.
> 나. 그들에게 말하라.
> 다. 당신이 그들에게 말했던 바를 그들에게 말하라.

2. 가장 좋은 학습 시간은 수업 시간이다.
3. 당신이 무엇인가를 학습하길 원한다면 그것에 대해 말하라.
4. 듣고, 읽고, 요약하고, 자신의 요약을 써라.
5. 마음속으로 요약해 보는 것은 자료를 자신의 말로 스스로에게 말하는 것이다.
6. 학습은 쉽다. 그러나 듣기는 어렵다.
7. 의도를 갖는 것은 어떤 일을 수행하는 첫번째 행위이다. 들으려는 의도를 가져라.
8. 듣기를 할 때 당신의 마음을 듣는 것으로 가득 채워라.
9. 바람직한 학생은 바람직한 청취자이다.
10. 읽기는 저자가 말하려 하는 바를 듣는 것이다.
11. 당신이 듣고 읽기를 얼마나 잘 하는지 기록하라.
12. 읽기 속도는 중요하다. 빨리 읽어라.
13. 읽기는 공부하는 것이 아니다. 그것은 공부할 자료를 수집하는 것이다.
14. 부분들로 나누어 읽어라.

15. 신뢰롭고 정확한 노트 기록이 필요하다.
16. 당신의 성적은 수업 참여에 달려 있다.
17. 학습은 준비된 마음을 좋아한다.
18. 학습은 또 다른 학습을 낳는다.

제2부

과정 기술

제 5 장 자기 관리
제 6 장 시간 관리
제 7 장 집중력
제 8 장 학습을 관리하기
제 9 장 기억을 관리하기
제10장 과정으로서의 수업 참여
제11장 시험준비

당신이 하는 모든 일에 대해 두뇌에서는 그것에 일치하는 활동이 있다. 당신의 두뇌는 당신이 만나는 정보를 끊임없이 처리하고, 구조와 연합으로 정보를 구축하고 있다. 두뇌는 보거나, 듣거나, 말하거나, 행하는, 혹은 어떤 다른 방식으로 수용하는 모든 것들을 이러한 지식의 구조로 정리 보관해 둘 것이며, 이 구조 내에서의 연합은 당신이 알 필요가 있는 것을 회상할 수 있도록 도울 것이다.

이러한 정신적 처리를 지원함으로써 당신은 구조화된 학습을 좀 더 쉽게 할 수 있다. 효과적인 공부에 관련된 과정 기술은 다음의 것을 포함한다.

- 자기 관리
- 시간 관리
- 집중
- 학습 관리
- 기억 관리
- 수업 참여
- 시험준비

다음 장들에서 이것들에 대해 하나씩 이야기할 것이다. 거의 어떤 사람도 이 모든 기술이 완벽하지는 않으며, 대부분의 학생들은 이 영역들에 있는 지침들로부터 도움을 얻을 수 있을 것이다.

제5장 자기 관리

일상생활을 영위할 때 사람들의 자기 관리 수준은 개인차가 있다. 관리는 어렵지도 신비하지도 않으며, 그것은 사업가들만 하는 것이 아니다. 당신 자신을 관리할 때 자신이 하는 일을 이해하는 것은 관리 기술의 향상에 도움이 될 것이다. 〔그림 5-1〕에서 자기 관리 과정에 대한 도표를 제시할 것이다.

관리는 우리의 방향(가길 원하는 곳이거나 하길 원하는 것), 계획(어떤 지점에 이르거나 어떤 일을 하는 방법), 실행(계획을 이행하는 것), 그리고 평가(얼마나 잘 수행했는지 혹은 그 활동이 가치가 있었

그림 5-1 관리 과정

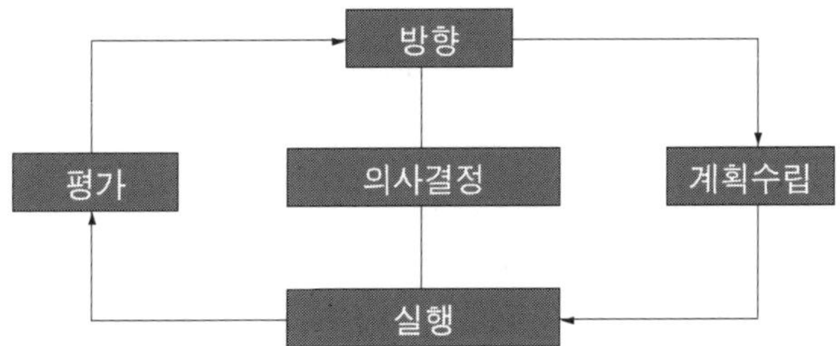

는지를 판단하는 것)에 대한 의사결정과 관련된다.

다음의 예를 고려해 보라. 당신이 상점에 가길 원한다고 생각해 보라. 상점으로 가는 것을 결정하는 것은 방향을 설정하는 것이다. 그 다음에 거기에 어떻게 갈 것인지 계획을 세워야 한다. 어떤 길로 갈 것인지, 즉 걸어갈 것인지, 차를 운전해서 갈 것인지, 자전거를 탈 것인지, 혹은 버스를 탈 것인지를 결정해야 한다. 다음으로, 그 계획을 실행에 옮겨야 하며, 그 일에 따른 어떤 필요한 결정도 해야 한다. 예를 들어, 교통 정체나 어떤 다른 장애 때문에 다른 길로 갈 수도 있다. 가게에 다다랐을 때, 당신은 가게에 갔던 방법이 만족스러웠는지 당신의 행동들을 평가하게 된다(실제로, 이러한 결정들 대부분을 동시에 하는데, 자신의 행위를 평가하고 실행에 옮길 때 다시 계획을 세우거나 다시 방향을 설정할 수 있다. 네 가지 영역 모두에 대해 당신은 지속적으로 의사결정을 하는 셈이다).

이들 네 가지 결정이 당신의 일상생활에서의 행동에 작용하는 역할에 주의를 기울여라. 자신의 결정과 행동을 보다 의식함으로써 당신의 관리 능력을 향상시킬 수 있다.

1. 의사결정의 원칙

우리가 내리는 결정에는 그것과 관련된 위험 요소가 있다. 이러한 위험요소들 때문에 의사결정하기가 종종 아주 어려워진다.

당신이 의사 결정할 때 염두에 두어야 할 네 가지 기본 원칙은
다음과 같다.

1. 당신이 줄 수 있는 것 이상을 감행하지 말아라.
2. 당신이 가지고 있는 것 이상을 감행하지 말아라.
3. 당신이 되돌려 받을 수 있는 것 이상을 감행하지 말아라.
4. 당신의 직관을 따르라.

첫번째 원칙은 재정적인 모험뿐 아니라 모든 결정에 관한 것이
다. 당신이 기꺼이 할 수 있고 줄 수 있는 것 이상을 요구받는 것
에 대해 위험을 무릅쓰지 말라. 당신이 제공할 수 있는 것들, 즉
시간, 에너지, 감정 등에 대해 알고 있는 이는 당신 자신뿐이다.

두 번째 원칙은 당신의 자원이 제한되어 있음을 의미한다. 당
신은 에너지, 시간, 공간, 혹은 돈을 무한히 공급하지 못하며, 자
신이 소유한 자원들 이상의 위험을 감수할 수 없다. 어떤 결정을
하든지 이들 자원을 하나나 그 이상 사용하게 되지만, 어떤 행동
도 어떤 영역에서의 당신의 모든 자원을 고갈시켜서는 안 된다.

세 번째 원칙은 각 결정이 당신에게 가져다줄 이익이라는 관점
에서 당신이 그 결정을 볼 것을 제안한다. 그 결정으로부터 이익
을 기대할 수 있을 때만 위험을 무릅써라. 이것은 이기적인 원칙
으로 보일 수 있으나 비이기적인 위험 요소조차 당신에게 만족감
을 주는 것이어야 한다. 즉 그 자체로 당신의 투자에 대한 높은
수준의 보답일 수 있다. 다시 말하면, 당신만이 어떤 종류의 보
답이 위험을 감수할 만한지를 안다.

마지막 원칙은 스스로의 결정에 대해 기분 좋게 느껴야 한다는

것을 말하는 것이다. 아무도 당신을 위해 의사결정을 대신해 줄 수는 없다. 부모나 친구가 당신에게 어떤 방식으로 결정하거나 행동하도록 강요했다고 느낄 수도 있으나, 이것은 거의 진실이 아니다. 당신이 다른 사람으로 하여금 할 일에 대해 결정하도록 허용할 때, 당신은 그렇게 하기로 자신의 의사를 결정한 것이다. 즉 다른 사람이 당신에게 하길 원하는 것을 당신 스스로가 선택한 결정을 한 것이다. 이런 유형의 결정이 반드시 나쁜 것은 아니지만, 그 결정을 스스로 선택했다는 것을 의식해야 하며, 그러한 선택과 그것의 결과에 대한 느낌을 스스로 결정해야 한다.

하나의 결정은 당신의 약속을 의미한다. 결정한 일을 어김없이 할 것으로 생각해야 하며, 묵묵히 따라야 한다. 예를 들어 어떤 사람을 당신의 짝으로 선택한다는 것도 그 사람을 떠맡는 것이며, 선택할 수 있는 여지로부터 다른 모든 사람들을 배제하는 것이다. 당신이 대학에 가기로 선택한다면 여행하는 것, 돈을 벌기 시작하는 것, 그리고 다른 많은 선택의 가능성들을 배제하는 것일 수 있다. 당신은 공부를 해야 할 것이며 수업에 들어가야 할 것이다. 공부하거나 수업에 참석하길 태만히 하는 것은 대학에 가려는 자신의 결정을 위반하는 것이다.

많은 결정이 미래를 위한 당신의 선택을 제한하지만 어떤 결정은 선택을 확대할 수 있다는 것을 염두에 두라. 미래의 선택을 위해 보다 많은 가능성을 열어놓는 대안을 선택하는 것이 중요하다. 대학에 가려는 결정은 미래의 결정을 위해 많은 기회를 제공해 주는 하나의 예가 된다.

2. 목표를 설정하기

하나의 목표는 자신이 따르고 싶은 방향이며, 이루길 원하는 결과이다. 목표는 즉시 도달할 수 있는 것이 아니며, 달성될 때까지 의사결정의 방향을 제공해 준다. 목표는 장기간의 계획을 요구하고, 목표에 도달하는 것은 장기간의 활동을 필요로 한다. 당신이 대학에 가기로 결정하면, 대학진학을 위한 계획 속에는 최소한 다음 사항들이 포함되어야 한다.

1. 대학을 선택할 방법
2. 공부하고 싶어하는 것
3. 대학 교육에 자금을 조달할 방법
4. 거주할 곳
5. 선택하게 될 교과과정과 그 순서
6. 자신이 대학에서 바라는 사교 생활의 유형

위 계획의 요소들은 목표를 달성하는 데 필수적인 단기간의 목표들이다. 그 계획의 각 요소는 여러 개의 하위요소들, 즉 더 짧은 기간 내의 구체적이며, 당신이 곧 행동으로 옮길 목표들을 포함할 것이다. 예를 들어, 당신의 장기 계획 중의 한 가지 목표는 대학에서 받게 될 교과과정에 관한 것이다. 적절한 단기 목표는 2년 안에 요구되는 영어 교과목들을 끝내는 것이 될 것이다. 이것은 훨씬 더 제한된 진술이며, 구체적인 시간 범위 내에서 기대되는 성취를 확인하는 것이다. 첫 학기 영어 과목에서 A를 받는 것은 한층 더 구체적인 목표인데 그것은 관련된 시간만이 아니라 원하는 성취 수준까지도 구체화하는 것이다. 마지막 단계는 각 교과의 목표를 점수가 매겨질 구체적인 결과물로 나누어 놓는 것이다. 당신이 취해야 할 행동, 그리고 그 행동을 취할 시간을 알아내라. 그렇게 하면 각 교과의 모든 요소에서 A를 받게 될 것이다.

이 단기간의 목표들을 위해 계획표를 개발하는 것이 필요하다. 장기 목표는 마음 속에서 명료하게 정의되어야 하는 반면, 그것을 반드시 기록해야 할 필요는 없다. 그러나 구체적인 목표들은 매일의 행동들을 지시해야 하기 때문에 잘 기록해서 거의 그대로 따라야 한다. 각 목표를 달성하기 위해 해야 할 필요가 있는 일들을 기록하고 그것에 도달하기 위한 시간과 장소를 설정하면, 시간이 지나감에 따라 그대로 행해지고 있음을 발견하게 될 것이다.

3. 학습 환경을 관리하기

학업 목표를 달성하기 위해, 학습 환경에서의 네 가지 주요 영역들, 즉 기대와 결과, 학습공간, 학습 자료, 시간을 관리하는 상세한 방법을 개발하는 것이 필수적이다.

기대와 결과

당신이 소유한 가장 중요한 자원은 스스로의 결정이다. 모두 A를 받기 위한 당신의 기대는 목표를 달성하기 위해 지불해야 할 노력과 에너지를 수반해야 한다. 더 나아가 기한이 되기 전에 요구되는 것 이상의 노력을 기울여야 한다.

기대되거나 요구되는 것 이상으로 척척 해내는 것은 우리 사회에서 성공하는 데 필요한 필수적인 요소이다. 피고용인이 높은 급여를 받거나 승진하는 유일한 방법은 그의 현 직책이 요구하는 것을 초과 달성함으로써이다. 학업 상황에서 성공하는 것도 같은 방식이다. A를 받기 위해 당신은 A를 받기 위한 최소 요구조건을 초과 달성할 수 있어야 한다. 요구되는 것보다 약간 더 노력했을 때 큰 이득이 돌아온다. 힘차게 일을 해냈을 때 돌아오는 것은 최소요건을 해냈던 이전의 많은 수고에 대한 보상을 넘어서게 된다. 힘차게 일을 해내는 것은 놀라운 결과, 즉 괄목할 만한 성취를 가져온다.

학습 공간

공부하기 좋은 장소를 발견하는 것은 매우 중요하다. 공부하기에 적절한 장소는 보다 효과적으로 집중하고 보다 쉽게 학습할 수 있게 해 준다. 당신은 아마 당신의 책상에서 공부해서는 안 될지 모른다. 학생들의 책상은 자주 많이 어질러져 있곤 한다. 당신은 친구들의 사진과 기념품, 그리고 주의를 분산시키는 또 다른 것들을 놓아두고 싶어할지 모른다. 가능하면 주의를 분산시킬 만한 시각적이고 청각적인 것들이 거의 없는, 공부하기에 정말로 좋은 학습공간이 되게 해라. 책상앞의 벽과 책상위에 아무 것도 없는 것이 이상적이다.

안락한 의자가 좋긴 하나 너무 안락한 것은 좋지 않다. 너무 딱딱하지도, 너무 부드럽지도 않은 의자가 좋다. 등을 기댈 수 있는 아주 커다란 의자는 적당한 것이 아니다. 적절히 편안한 의자를 찾아라. 그 의자에서 한 번에 20분에서 30분 정도 고통이나 불편 없이 방해받지 않고 공부할 수 있어야 한다. 전등, 책이나 노트 필기 도구 외에 책상 위에는 어떤 것도 있어서는 안 된다. 시간을 알 수 있도록 보이는 곳에 시계를 놓아두라.

학습을 위한 자료들

훌륭한 학습자는 공부를 위한 탁월한 도구들을 지닌다. 다음의 자료들은 항상 이용할 수 있도록 준비되어야 한다.

1. 교과서 노트 기록 다음으로 교과서는 중요한 학습 정보의 원천이다. 수강하는 각 과목의 교과서는 자신의 것을 구비하도록 하라. 중고 교과서를 구입하는 것도 고려해 보라. 그것은 비용이 덜 들고, 이전의 소유자가 도움이 될 만한 기록을 해 놓았을 수 있다.
2. 종이 산출물 여러 유형의 종이 산출물들, 즉 3×5 인치와 5×8 인치 색인 카드를 비롯하여, 루즈리프식(마음대로 끼웠다뺐다 하는)의 노트, 파일, 용수철 노트, 특별한 목적으로 필요한 어떤 종이(예, 수학을 위한 그래프 용지, 그림 그리기 위

한 용지 등)든지 구비해 놓아야 한다.

3. 파일 캐비닛이나 파일 서랍 파일은 노트 기록들과 연구 보고
서들을 정돈해서 보관하는 데 매우 유용하다. 그것들은 또
한 공부 자원들, 적절한 방식으로 보관해 두지 않으면 잘못
놓여지게 될 풀어져 있는 자료들을 간수할 수 있도록 도와
준다. 각 과목에 대해 따로따로 파일을 마련하고, 모든 학습
자료들이 조직이 되고 접근하기 쉽도록 적절하게 파일을 만
들어 둔다. 2장에서 추천한 바와 같이 파일 캐비닛은 노트
기록들을 보관하고 복습하는 데 유용하다.

4. 펜과 연필들 좋은 필기도구들이 항상 필요하다. 색깔 있는 펜
이나 연필이 어떤 수업이나 특수한 형태의 공부에 자주 필요
하게 된다. 어떤 학생들은 자료의 어떤 부분에 색깔을 넣어
강조하거나 칼라 펜으로 기입하는 것이 유용함을 발견한다.

5. 참고자료들 좋은 백과사전과 사전은 즉시 이용할 수 있어야
하는 것이 필수적이다. 동의어 사전, 인용문이 있는 책, 정
기간행물 등과 같은 다른 참고자료들 또한 자주 도움이 된
다. 참고자료의 주 원천은 도서관과 인터넷이 될 것이다. 도
서관 직원과 좋은 관계를 발전시키도록 하라. 도서관에서
사용되는 참고문헌 부호 체계와 당신이 가장 많이 이용할
것 같은 분야의 자료배치에 익숙해져라. 많은 도서관들이
지정된 요금을 받고 컴퓨터 탐색 서비스를 제공하며, 많은
웹 접근 시스템은 탐색 능력을 가지고 있다. 이들 서비스는
관련 자료들의 위치를 알아내고 사전검토하는 데 소요될 많
은 시간들을 절약할 수 있게 해 준다.

6. 책상과 조명 공부하는 데 이용할 수 있고 어질러 놓아도 괜

찮은 책상은 훌륭한 공부 도구이다. 공부할 용도에 맞게 충분한 조명을 갖추고 있는지를 확인해라. 갖추고 있지 않다면, 책상용 램프를 구입할 것을 고려하라. 너무 값비싸지 않은 모델이 이용할 만하며, 좋은 램프는 좋은 투자가 됨을 증명할 것이다.

7. **컴퓨터** 종이와 연필 외에도 개인용 컴퓨터는 소유할 수 있는 주요 도구이다. 정보처리 기술은 오늘날 고등학교와 대학에서 필수적이다. 논문과 보고서를 쓸 수 있도록 컴퓨터를 워드프로세서로서 이용할 수 있기 위해 자판 기능을 익히는 것은 중요하다.

컴퓨터는 또한 인터넷에 접근할 수 있게 해 준다. 월드 와이드 웹은 주요 정보 원천이며, 논문과 보고서를 쓰는 데 탁월한 도구로 기여할 수 있다. 현재 거의 모든 대학이 교수진과 학생들에게 전자우편 접근을 제공하기 때문에, 많은 교수들과 학과는 학생들에게 기회, 스케줄, 약속과 숙제에 대해서도 전자우편 정보를 직접적으로 보내게 된다.

많은 대학들은 현재 어떤 종류의 소프트웨어와 더불어 특수한 유형의 컴퓨터를 소유할 것을 요구한다. 당신이 어떤 대학을 다니게 될 것인지를 안다면, 그곳에서는 어떤 컴퓨터를 요구하는지를 알아보라. 그러한 것이 있다면, 가능한 빨리 그 컴퓨터와 소프트웨어에 익숙해지도록 하라. 당신이 컴퓨터를 구매할 계획이 있다면, 필요하다고 생각되는 것 이상의 능력을 지닌 것을 구입하라. 왜냐하면 시간이 지나면, 더 큰 요구조건이 컴퓨터에 장착되어야 할 것이기 때문이다.

시간 이용

시간 이용 계획을 갖는 것은 어떤 학생에게나 장점이 된다. 시간 이용에 관한 우리의 주요 규칙인 모든 과목을 매일 조금씩 공부하라는 규칙을 따르도록 애써라. 일요일과 당신의 생일을 포함하여 매일같이 한두 시간 집중할 수 있도록 공부 시간을 따로 설정해 놓아라. 필요하다면, 여러 개의 더 짧은 시간들로 나눌 수 있으나 한두 시간 정도의 시간 할애는 일정한 것이 되게 하라. 주요 공부 시간은 다음의 네 가지 요소들을 포함한다.

1. 그 날의 수업이나 최근의 수업에서 기록한 노트를 복습하라. 각 수업에서 기록한 노트에 약 5분 내지 10분 가량을 사용하도록 하라. 각 수업에 대해 선생이 다음 시험에서 낼 문제들을 확인하도록 노력하라.
2. 다음 날의 수업에서 듣게 될 것을 준비하라. 노트에 기록한 것이나 수업에서의 강조점으로부터 당신은 그 수업들이 앞으로 다룰 것들에 대해 말할 수 있어야 한다. 각 수업에서 들을 준비를 하기 위해 관련된 교과서는 어떤 것이나 사전 검토하고 훑어보라.
3. 노트, 수업, 그리고 읽기에서 다룬 세부사항들과 정의들에 대한 학습 카드를 만들어라.
4. 노트들을 복습하라. 매일 복습하면, 당신은 항상 준비되어 뒤처지지 않게 된다.

당신의 일정과 주의력을 고려하여 매일 공부할 가장 좋은 시간을 골라라. 어떤 사람들은 아침 타입의 사람들이고 어떤 사람들은 오후 타입의 사람들이며, 많은 사람들이 저녁 타입이다. 가장 잘 공부할 수 있는 시간은 어떤 시간이든지 공부할 계획을 세워라. 앞의 두 절에서 기술한 것처럼, 모든 필요한 학습 자료들을 갖추고 적절한 학습 공간을 확실히 마련하도록 하라.

학교에서 무슨 일이 있든지 주요 공부 시간을 유지하는 방법은 습관을 들이는 것이다. 한 번 습관을 들이게 되면 그 습관대로 하게 될 것이다. 일정을 맞추기가 약간 어려울 수 있다. 대부분의 학생들은 그들의 공부에서 절정과 하강을 경험하며 위기를 넘나들게 된다. 그들은 A과목을 공부하지만, B, C, D과목은 제쳐 놓을 수 있다. A과목에 대한 시험을 치른 후, B와 C과목을 공부할 것이다. 그런데 D과목을 빠뜨려 놓았기 때문에 D과목으로 되돌아가 공부하는 것이 필요할 것이다. 당신이 매일 모든 과목을 최소한 조금씩만 공부한다면, 이러한 주기를 피하고 뒤처지지 않을 것이다. 학교는 한층 더 재미있는 곳이 될 수 있다.

주요 공부 시간 다음으로 당신은 다가오는 시험에 대비하여 미리 공부하고, 다음 주가 기한인 논문을 쓰고, 당신을 압박하는 매일의 프로젝트가 무엇이든지 그것을 다루도록 하라. 그러나 주요 공부 시간은 결코 빠뜨리지 말아라. 이것을 충실히 하면, 시험에 대비하여 공부하기는 쉬운 것이 될 것이다. 최종 기한이 될 때까지 논문 쓰느라고 마라톤 경주하지는 않을 것이기 때문에 더 빨리 논문에 착수할 것이다. 당신은 일을 더 잘 하며 더 많은 잠을 잘 수 있을 것이다. 또한 다른 사교적인 활동과 운동을 할 시간을 가질 수 있을 것이다.

자기 관리 연습 문제

1. 자신을 관리할 때, 당신은 무엇에 대한 결정을 하는가?
2. 위험을 감수해야 할 때 네 가지 지침은 무엇인가? 당신은 위험을 감수하길 피해야 할 어떤 다른 문제들을 아는가?
3. 우리가 왜 위험을 감수해야 하는지를 설명할 수 있는가? 위험을 무릅쓰는 것이 필요하다고 생각하지 않는다면, 당신의 견해를 설명해 보라.
4. 어떤 결정은 왜 위임한 것인가? 위임한 결정과 스스로 결정한 것이라고 생각하는 것 간의 차이를 설명하라.
5. 장기간의 목표와 단기간의 목표 간의 차이는 무엇인가? 각각에 대해 설명하라.
6. 계획을 세우는 것이 장기간의 목표에 왜 중요한가?
7. 당신이 관리할 필요가 있는 학습 환경의 네 가지 주요 영역은 무엇인가?
8. 이들 영역들 가운데 어떤 것이 당신에게 가장 어려운가?
9. 가장 어려운 영역에서 당신은 무엇을 개선시킬 수 있다고 생각하는가?

자기 관리 연습

1. 한 가지 목표에 대한 계획을 설계하라.

> 가. 장기간의 목표를 선택하라(필수적인 것은 아니지만, 진정으로 도달하고 싶은 목표를 선택하는 것이 가장 좋다). 그 목표는 돈, 수고, 공간, 시간뿐 아니라 당신이 달성하는 데 최소한 일 년을 필요로 하는 것이어야 한다.
> 나. 목표를 달성하는 데 필요한 여러 개의 단기간의 목표들을 정하라.
> 다. 성취할 순서대로 이 목표들을 배열하라(어떤 것이 첫번째로, 두 번째로, 세 번째로 달성되어야 하는지).
> 라. 목표에 도달하기 위해 첫 달 동안 무엇을 할 것인지에 대한 계획을 세워라.
> 마. 매달의 목표를 달성하기 위해 매주 성취할 필요가 있는 것을 정하라.
> 바. 그 달의 첫 주의 매일 당신이 해야 할 일을 정하라.

2. 당신이 그것에 대해 아무것도 하지 않는다면 왜 하나의 목표가 단지 꿈이 되는지를 설명하라.
3. 결정이 왜 책임이 되는지 그 이유를 세 가지 제시하라.

자기 관리 요약

1. 자기 관리의 영역 자기 관리는 지속적인 의사결정을 필요로 한다. 우리는 네 가지 주요 영역에 대해 의사결정을 한다.

> 가. 방향-어디로 가야 할지 혹은 무엇을 할지
> 나. 계획-어디에서 얻거나 무엇인가를 하는 방법
> 다. 이행-그 계획을 실행하기
> 라. 평가-수행이나 활동이 가치가 있는지 어떤지에 대한 판단

2. 의사결정 우리가 내리는 각 결정에는 그것과 관련된 위험 요소가 있다. 의사결정을 할 때 네 가지 기본 원칙을 염두에 두어라.

> 가. 당신이 줄 수 있는 것 이상을 감행하지 말아라.
> 나. 당신이 가지고 있는 것 이상을 감행하지 말아라.
> 다. 당신이 되돌려 받을 수 있는 것 이상을 감행하지 말아라.
> 라. 당신의 직관을 따라라.

어떤 결정은 미래를 위한 당신의 선택을 확대시켜 주지만 또한 많은 결정이 당신의 선택을 제한한다는 것을 염두에 두라.

3. 목표 자기 관리는 다음의 여러 수준에서 당신이 목표를 설정할 것을 요구한다.

가. 장기 목표-당신이 따르길 원하는 방향이나 도달하길 원하는 결과.
   목표 설정은 장기간의 계획을 필요로 한다.
나. 단기 목표-장기 계획의 요소들. 이것들은 한 학기, 일 년, 또는 한
   학기와 관련될 수 있다.
다. 구체적인, 일상의 목표-향상될 구체적인 항목들을 달성하기 위한
   계획들. 이 목표들은 당신에게 일상의 행동들을 안내해야 한다.

4. 학습 환경의 요소들 학생들은 아래에서 기술되는 바와 같이 학
   업 상황에서 네 가지 주요 영역들을 관리할 수 있어야 한다.

가. 기대와 결과-당신은 A를 받도록 기대해야 하며, 목표를 달성하기
   위해 노력하고 힘차게 해내라(마감 기한 전에 요구되는 것 이상의
   노력을 기울여라).
나. 학습 공간-시각적이고 청각적인 혼란이 거의 없이 공부할 적절한
   장소를 발견하라. 너무 안락한 곳은 아니지만 안락한 곳이어야 한
   다. 책상과 의자 외에 당신에게 필요한 모든 것은 조명, 책, 노트,
   필기도구, 글을 쓸 종이, 그리고 시계이다.
다. 학습을 위한 자료-교과서, 종이 형태의 산출물들, 서류철 캐비닛이
   나 서류철 서랍, 펜과 연필, 참고자료 등을 포함하여 모든 필요한
   자료들을 확실히 갖추도록 하라.
라. 시간 이용-시간 이용 계획을 세워라. 최근의 수업에서 기록한 것
   들을 복습하고, 다음 날의 수업을 들을 준비를 하며, 세부적인 사
   항이나 정의를 기술하기 위한 학습 카드를 만들고, 이전에 만들어
   놓은 노트 기록을 복습할 수 있도록 주요 공부 시간을 매일 한 시
   간이나 두 시간 할애하라.

제6장 시간 관리

헨리 데이빗 소로(Henly David Thoreau)는 말하길, "당신이 인생을 사랑한다면, 시간을 사랑해야 한다. 왜냐하면, 시간은 인생을 만드는 재료이기 때문이다."라고 말하였다. 시간 관리는 성공적인 공부관리의 열쇠이다. 중요한 문제는 공부뿐 아니라 사교, 운동, 일을 위해서도 시간을 이용할 수 있도록 잠재된 시간을 최상의 것으로 만드는 것이다.

당신의 첫번째 우선 순위는 수업이어야 하며, 두 번째 우선 순위는 공부가 될 것이다. 학생으로서, 당신은 학교나 대학을 직장으로 보아야 한다. 가능하다면, 오전 8시부터 저녁 5시까지의 시간을 강의실에서 수업을 듣거나 공부하는 시간으로 이용하라.

시간을 잘 관리하기 위해서는 일정표를 개발하고 이용하는 법, 주간 계획표와 일일 계획표를 준비하고 이용하는 법, 그리고 계획표를 체크리스트로 이용하는 법을 알아야 한다.

1. 일정표

일정표의 목표는 어떤 주에 해야 할 일이 너무 많지 않도록 반 학기, 혹은 한 학기의 여러 주에 걸쳐 할 일들을 나누도록 돕는 것이다. 너무나 자주 학생들은 그 학기에 해야 할 일들을 마지막 순간까지 미루곤 한다. 어떤 순간에 해야 할 일이 너무 많게 되면, 자신이나 시간을 효과적으로 관리할 수 없다. 자주 여러 가지 중요한 일들을 동시에 처리해야 할 상황이 될 것이다. 일정표는 시간이 부족할 때를 당신이 알아차리고 그 학기의 여러 주에 걸쳐 해야 할 일들을 분산시킬 수 있게 해 줄 것이다.

일정표를 준비하는 데 여러 단계들이 있다. 첫번째는 수업 시간표를 얻는 것이다. 이 일정표는 실험실에서 보내는 시간, 현지 조사연구 시간 및 각 수업이 요구하는 또 다른 시간들을 포함해야 한다. 시간 관리에서 중요한 고려사항은 너무 많은 일들이 부과되지 않도록 확인하는 것이다. 대부분의 대학생들은 한 학기에 15주 혹은 16주를 넘지 않은 강의를 듣게 된다. 자신의 교과과정이 너무 부담스럽다고 생각되면 약간 줄이는 것이 필요하다.

대학에서의 중요 요인은 졸업하는 데 얼마나 시간이 걸리는가가 아니라 A를 받느냐 아니냐이다. 의과 대학원, 법과 대학원, 모든 종류의 대학원 프로그램들, 심지어 고용주들조차 대학을 졸업하는 데 걸린 기간이 아니라 당신의 평점 평균에 관심을 갖는다. 전 과목 A를 받는 데 시간이 모자라게 될 만큼 많은 과목들을 들어서는 안 된다.

일단 필수과목과 선택과목의 수업 시간 목록을 얻게 되면, 각 수업에 할당된 과제물의 목록을 획득해야 한다. 대체로, 선생은 수업 첫날 그 과목을 수강하면서 해야 할 과제물들을 줄 것이다. 첫 주의 말까지는 교과목별 과제물의 목록을 얻어야 한다. 수업 시간 및 과제물의 완전한 목록을 갖게 되면 일정표를 구성할 준비가 되어 있게 된다.

다음과 같은 수업 일정표를 가지고 있는 첫 학기의 대학 신입생이 있다고 가정해 보라.

물 리	월 오전	9~10시	수 오전	9~11시	3시간
영 어	화 오전	10~11시	목 오전	9~11시	3시간
생 물	월 오전	11~ 1시	목 오전	9~10시	3시간
역 사	화 오후	1~ 2시	금 오전	11~ 1시	3시간
생물실험	수 오후	2~ 3시	금 오전	10~11시	2시간
국 어	월 오후	2~ 4시	금 오후	3~ 4시	3시간

역사는 다음의 과제물을 요구한다고 가정해 보라.

- 읽기 자료 요약물: 4, 8, 12, 15주째를 제외하고 매주 금요일마다 읽기 자료 목록에 있는 50쪽 가량의 자료를 요약하여 제출해야 한다. 각 과제물은 5×8 인치의 카드에 기록해야 한다. 정확한 도서 제목을 카드의 맨 위에 기입해야 한다. 이 요약물은 성적의 10%를 차지하게 된다.
- 기말 보고서: 기말 보고서는 최소 15쪽에서 25쪽을 넘지 않은 분량으로 써야 한다. 기말 보고서의 주제는 선생이 제공한

제목의 목록에서 선택해야 한다. 기말보고서는 각 주를 달고 참고문헌 또한 최소 10개 이상을 제시해야 한다. 기말 보고서는 성적의 20%를 차지하게 될 것이다. 기한은 12주째의 금요일까지이다.

- 구두 발표: 수업 중에 10분에서 15분가량 구두 발표를 하게 된다. 구두 발표는 주제 목록에서 하나를 선택할 수 있다. 발표는 6번째 주의 월요일에 시작하고 발표자는 무작위적으로 선정된다. 구두 발표는 성적의 15%를 차지하게 될 것이다.
- 시험: 4주마다, 즉 4, 8, 12주, 그리고 마지막 주의 금요일에 시험을 치르게 될 것이다. 마지막 시험은 성적의 30%를 차지할 것이고, 8번째 주 금요일에 치르는 중간고사는 15%를 차지하며, 다른 두 번의 시험은 각각 5%를 차지하게 될 것이다.

이러한 정보와 함께 그 학기에 해야 할 일에 대한 일정표를 만들 준비를 하게 된다. 일정표는 모든 교과과정의 과제물을 포함해야 한다(이 예는 역사 과목의 과제물만을 이용한 것이다). 일정표는 교과과정의 모든 필요요건을 이용가능한 시간과 관련지어 기록하는 방법이다. 일정표는 어떤 시간 단위로도 만들 수 있다. 한 학기를 15주로 하여 〔그림 6-1〕에 일정표를 제시한다.

수평선은 주단위의 시간을 제시한다. 수직선은 각 주의 금요일을 나타낸다. 따라서 첫번째 수직선에서 두 번째 수직선까지의 거리는 첫째 주 금요일에서 둘째 주 금요일까지의 시간을 나타낸다.

일정표에다가 각 주마다 과제물들의 마감기한에 따라 과목별 필요 요건들을 배치하라. 역사 과목의 필요 요건은 〔그림 6-2〕에 제시된 것과 같은 것이 기록될 것이다. 역사 읽기 요약물은 4, 8, 12, 15주째를 제외하고 매주 금요일에 제출해야 할 것으로 들어가야 한다. 구두 발표는 6번째 주 월요일까지 준비되어야 하므로, 5번째 주 금요일까지 마치는 것으로 들어가야 한다. 기말 보고서는 12주째 금요일까지 기한이다. 시험은 4, 8, 12, 15번째 주에 있는 것으로 넣는다. 역사 과목을 위한 모든 과제물이 일정표에 이제 들어갔다. 이와 같은 일정표에 다른 과목들 각각에 대한 필요 요건 및 완성 날짜를 넣어야 한다.

역사 과목의 예에서 일정표가 완성된 것으로 보일 수 있다. 그러나 그것은 당신이 한 주 만에 학기 말 보고서나 구두 발표를 완성시킬 수 있음을 나타내는 것으로 보인다. 물론, 당신은 한 주 만에 할 수 없기 때문에 이 두 과제를 적절한 양의 시간을 할애하여 완성시킬 수 있는 부분들로 나누어야 한다. 이렇게 배분하기 위해서는 학업 과정의 단계들을 이용하라.

그림 6-1 일정표(12주 학기)

1	2	3	4	5	6	7	8	9	10	11	12	13	14	15

그림 6-2 일정표 2단계(과제물 기록)

1	2	3	4	5	6	7	8	9	10	11	12	13	14	15
독서		독서		독서 구두보고		독서		독서		독서 시험		독서	독서	
	독서		시험		독서		중간고사		독서		기말보고서		기말고사	

2. 학업 과정

학업 과정은 장기간에 걸친 어떠한 학업 노력, 예를 들어 학기 말 보고서로부터 구두 발표나 실험 과제 등에 이르기까지 이용할 수 있다. 그 과정의 단계들은 실제로 모든 경우에 동일하다.

- 주제를 선정하기
- 정보를 수집하기
- 정보를 조직하기
- 윤곽을 형성하기
- 최종적인 초안이나 발표를 준비하기
- 편집하거나 교정하기
- 최종 보고서를 마련하기

다음에서는 이들 단계들을 상세히 기술한다.

주제를 선정하기

좁은 주제를 선정하는 것이 주제 선정 단계에서 가장 중요한 일이다. 대부분의 학생들은 할당된 시간 내에 충분히 다룰 수 없는 광범위한 주제를 선정하곤 한다. 사실상, 대부분의 학생들은 기말 보고서, 연구 보고서나 구두 발표에 적절하기보다는 책으로나 쓸 수 있는 주제를 선택한다. 대학에서는 특별히 당신이 선정한 주제와 관련하여 이용할 수 있는 모든 자료들을 소화할 것을 기대한다. 당신은 최소한 그 주제와 관련된 주요 책들과 정기간행물들을 다루어야 한다. 주제가 너무 넓다면, 그 일은 거의 불가능하게 된다. 선생들이 제시하는 주제는 보통 너무 넓다. 그러나 그들은 학생이 요청하면 대체로 그 주제들을 좁히도록 허용할 것이다.

역사 과목의 주제 목록을 검토함에 따라, 당신에게 흥미로운 주제가 세 가지, 즉 클레오파트라 여왕, 바빌론의 공중정원(Hanging Gardens), 알렉산더 대왕이 있음을 발견한다고 가정해 보라.

다음 단계는 어떤 주제를 선택하든지, 이용할 수 있는 충분한 참고문헌이 있는지 어떤지를 살펴보는 일이다. 도서관 카드 목록을 탐색한 후에 클레오파트라에 관해서는 100개 이상, 바빌론의 '공중정원'에 대해서는 45개 이상, 알렉산더 대왕에 관해서는 300개 이상의 참고문헌이 있다는 것을 발견했다. 알렉산더에 대해 검토함에 따라 그와 그의 아버지 필립과의 관계에 관한 여러 자료들을 발견하였다. 자료를 자세히 검토해 봄에 따라 당신은 이것이 흥미로운 주제임을 발견하고, 이것을 수업에서 발표하고 싶을 수 있다. 이 주제, 즉 알렉산더 대왕과 필립의 관계에 관한 주제는 15분간의 구두 보고에서 다룰 수 있을 만큼 충분히 좁다. 선생님과 이 문제를 검토해 보고 구두 발표에서 이 주제를 다룰 것을 승인받는다.

정보를 수집하기

학업 과정에서의 두 번째 단계는 정보를 수집하는 것이다. 실험 보고서나 유사한 연구 활동에 있어 이 단계는 실험실에서나 계획된 관찰을 통해 정보를 획득하는 것과 관련된다. 대부분의 보고서와 구두에 있어서 이 단계는 도서관과 컴퓨터를 이용한 연구와 관련된다. 다음의 예는 후자 쪽의 정보원에 초점을 맞춘다.

정보를 수집하는 데 있어서 첫번째 단계는 선정한 주제와 관련하여 어떤 책들과 정기간행물들을 이용할 수 있는지 결정하는 것이다. 카드 목록을 탐색함으로써 이 정보를 얻게 된다. 대부분의 고등학교, 대학 도서관들은 학생들이 컴퓨터를 이용하여 탐색할 수 있게끔 되어 있고 인터넷 접속 프로그램에는 그러한 탐색 기능이 있다. 이러한 탐색을 위한 비용은 매우 저렴하며, 많은 시간을 절약할 수 있다. 게다가 컴퓨터를 이용한 탐색으로 당신의 주제에 관해 이용할 수 있는 모든 원천을 확인했다는 것을 어느 정도 확신할 수 있다.

이용할 수 있는 모든 원천을 확인한 후에 자료를 읽고, 이용하고 싶은 어떤 아이디어든지 자신의 말로 요약하라. 직접적으로 인용하는 어떤 자료든지 인용표시를 해야 한다. 각 아이디어에 대해 자료의 페이지를 확인하여 적고 이용하는 각각의 문헌에 대해 목록을 작성하라. 저자의 이름을 맨 앞으로 하여 참고문헌들을 작성한 다음 알파벳 순으로 그것들의 목록을 만들고 번호를 붙여라. 이러한 방법은 완전히 열거하지 않고 번호만으로도 어떤 참고문헌이든지 지칭할 수 있게 해 준다.

정보를 조직하기

필요한 정보를 획득한 후에, 두 가지 방법 가운데 하나로 자료를 조직할 수 있다. 한 가지 방법은 5×8 인치 색인 카드에다가 맨 위에는 자료 원(혹은 그 자료 원의 번호)과 페이지 번호를 제시하면서 참고문헌을 기재하고 각 아이디어를 기록하는 것이다. 다른 방법으로는 각 아이디어를 참고문헌을 기재하면서 루즈리프식의 종이에다가 요약하여 기록하는 것인데, 아이디어들 간에는 두 줄 정도의 간격을 둔다.

루즈리프 식의 종이에다가 아이디어를 기록하면, 요약들을 각각의 조각들로 잘라라. 그런 다음, 그것들이 나타나는 순서로 다른 종이에다가 그 아이디어들을 풀로 붙이거나 테이프로 붙여라. 이 일이 끝나면, 조직된 보고서 초안이 준비되는 셈이다.

윤곽을 형성하기

상세한 윤곽은 보고서를 좀더 조직하는 데 도움이 된다. 보잘 것없는 보고서를 제출하는 대부분의 학생들은 이야기할 내용이 거의 없어서이거나 자료들을 조사하지 않았기 때문이 아니라 보고서를 잘 조직하지 못했기 때문에 그렇다. 주제를 선정하자마자 그리고 정보를 수집하기 시작할 때쯤에는 확실히 윤곽을 형성하기 시작할 수 있다. 처음에 잡은 윤곽은 자료를 어떻게 조직할지를 결정하는 데 도움이 될 것이다. 그러나 정보가 완전히 조직될 때까지는 윤곽이 완성될 수 없다. 윤곽의 유형은 대개 선생님이 결정할 것이다. 윤곽에 대해 어떤 언급이 없다면, 가장 하기 좋고 유용하다고 생각되는 유형을 형성하라.

초안이나 발표를 준비하기

당신이 명료하고, 간명하고, 잘 조직된 윤곽을 개발할 때까지는 보고서를 쓰기 시작하지 말아라. 제15장은 학업에서 쓰기에 관련된 상세한 측면들을 다룬다. 구두 보고를 위해서는 그 윤곽으로부터 직접적으로 연습하라. 구두 보고는 글자 그대로 읽어서는 안 되기 때문에 선생님이 그렇게 하라고 요구하지 않는다면, 그것을 그대로 글로 쓸 필요는 없다.

편집하거나 교정하기

어떤 보고서나 구두 보고도 실수 없이 준비하지는 못한다. 다른 사람이 당신의 보고서를 편집하거나 당신의 발표 준비를 들음으로써 구두 보고를 교정해 주게끔 해라.

최종 보고서를 준비하기

보고서의 최종안을 쓰거나 구두 보고를 위한 마지막 준비를 하라.

일정표에서 해야 할 일들을 배분하기 위해 학업 과정의 단계들을 이용하라. 각 단계에 필요하다고 추정되는 적절한 시간이 〔그림 6-3〕에 제시된다. 기말 보고서는 보통 구두 보고에 비해 더 긴 기간의 준비가 필요하다.

일정표에다 단계들을 배치할 때, 그 과정에 있는 마지막 단계로 시작하여 시작 단계 쪽으로 진행해가라. 그렇지 않으면, 모든 단계들은 최종 결과물이 완성될 때까지 일정표대로 되지 않을 수 있다. 우리의 예에서 학업 과정의 단계들을 포함하기 전의 일정표는 〔그림 6-4〕에 있는 것과 같다.

그림 6-3 학업 과정의 각 단계들에 필요하다고 추정되는 시간

구두 보고	단계	기말 보고서
3시간	주제 선정	3시간
8시간	정보 수집	12시간
2시간	정보 조직	2시간
3시간	윤곽 형성	2시간
5시간	초안이나 발표 준비	12시간
1시간	편집 또는 교정	2시간
1시간	최종 보고서 준비	2시간
23시간	합계	35시간

일정표 개발을 계속하기 위해, 〔그림 6-5〕에서 볼 수 있는 것처럼 그 과정의 마지막 단계들을 기록하라. 구두 보고의 마지막 두 단계(교정과 최종 연습)와 기말 보고서의 마지막 두 단계(편집과 최종 보고서)는 2시간에서 4시간 정도에 끝낼 수 있다. 그러므로 각 경우의 두 단계는 일주일 동안에 완성될 수 있도록 일정을 계획한다.

마지막으로, 그 과정의 남은 단계들을 넣어라. 일정표는 〔그림 6-6〕에서 볼 수 있는 것과 같을 것이다.

각각의 학업 단계에 충분한 시간들을 확실히 제공하도록 하라.

그림 6-4 일정표 3단계

1	2	3	4	5	6	7	8	9	10	11	12	13	14	15

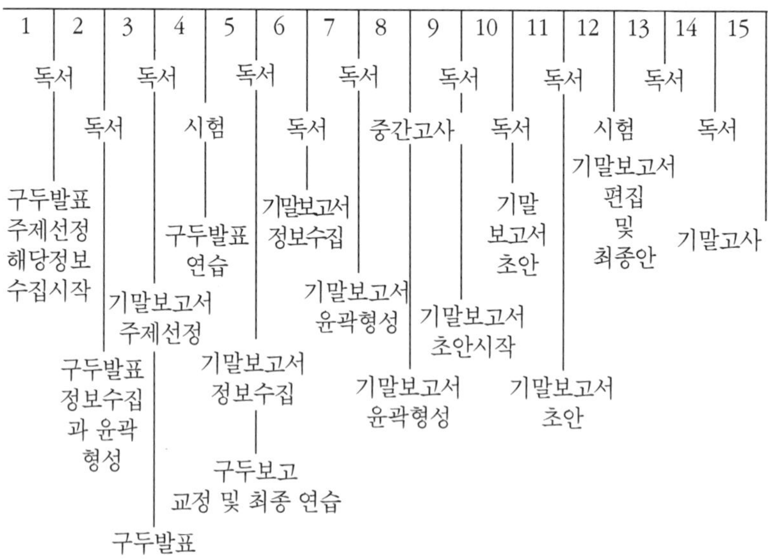

그림 6-5 일정표 4단계

그림 6-6 완성본

예를 들어, 이 예에서 정보를 수집하기와 기말 보고서의 초안을 만드는 것은 두 단계가 완료되는 데 각각 12시간이 필요하기 때문에 2주씩을 할애한다.

역사 과목의 필요 요건을 기록한 후에, 당신의 교과과정의 나머지에 대한 필요 요건들을 덧붙여라. 그 학기의 일정표가 완성되면 주별 계획표와 일일 계획표를 마련할 준비가 된 것이다.

3. 주별 계획표

일정표의 기본 가치는 주별 계획표에다가 필요한 일들을 넣을 수 있도록 그 일들을 조직해 준다는 점이다. 토요일과 일요일을 포함하여 그 주의 하루하루를 위한 공간이 할애되어 있는 계획표가 필요하다. 그러한 계획표는 〔그림 6-7〕에서 볼 수 있는 바와 같이 대개 주 중의 하루하루에 한 페이지를 할애하며, 토요일과 일요일을 붙여서 한 페이지를 할애한다. 전형적으로, 그 날의 시간들은 주 중의 날들에는 표기가 되지만 주말에는 표기가 되어 있지 않다.

계획표 개발을 시작하기 위해 일정표에 있는 주별 요구사항들을 토요일 난에 배치하라. 예를 들어, 다섯 번째 주의 요구사항들은 〔그림 6-8〕에서 볼 수 있는 것처럼 그 학기의 다섯 번째 주의 토요일에 배치한다. 첫 줄을 빈칸으로 남겨놓고, 그 주에 해야 할 학업 활동과 비학업 활동 모두를 넣어라. 이 예에서 계획

그림 6-7 주별 계획표의 표본 페이지

화요일		토요일	
6:00			
7:00			
8:00			
9:00			
10:00			
11:00			
12:00		일요일	
1:00			
2:00			
3:00			
4:00			
5:00			
6:00			

그림 6-8 그 주에 필요한 사항들을 계획표의 토요일 페이지에 넣기

토요일
1. 읽기
2. 구두 보고 교정 , 최종 연습
3. 학기말 보고서를 위한 정보 수집
4. 영어 작문
5. 생물 실험
6. 제인 아줌마에게 편지

표는 다른 교과과정에서 다섯 번째 주에 해야 할 일들(영어 작문

과 생물 실험 보고서)과 함께 다섯 번째 주에 완결해야 할 네 가지의 역사 과제들을 보여준다. 이 외에도 계획표는 제인 아줌마의 생일이 다음 주이고 그녀에게 편지를 써야 한다는 것을 상기시켜 줄 것이다.

한 학기 과제물을 받자마자 주별 계획표를 개발하라. 주별 계획표는 그 학기의 첫번째 주말쯤이면 완성되어야 한다.

4. 일일 계획표

성공적인 학생은 각 교과과정에서 해야 할 일을 매일 하면서 여전히 다른 활동을 위한 시간을 갖는다. 이 같은 성공의 열쇠는 매일 노력하도록 방향을 제시하는 일일 계획표를 갖는 것이다. 매주 토요일에는 다음 주의 하루하루에 대한 일일 계획표를 완성시켜라.

〔그림 6-9〕에 있는 예는 그 학기의 다섯째 주의 화요일을 위한 것이다. 첫째, 계획표에 그 날의 수업 일정을 배치하라. 둘째, 어떤 다른 약속이나 그 날 해야 할 일, 즉 수업과는 관련되지 않지만 어느 때이든 해야 할 일을 기록하라. 예를 들어, 당신은 제인 아줌마에게 생일 편지를 쓰고 싶기 때문에 주초에 카드를 사야 하는데 화요일이 카드를 사기에 적절한 날이 될 것이다. 또한 친구 프레드와 점심을 먹을 계획과 오후 7시 30분에 콘서트에 갈 계획을 기록해야 한다.

일일 계획표를 완성시키는 마지막 단계는 그 날 공부해야 할 사항들을 넣는 것이다. 주별 계획표에 있는 과제들을 참조하여 매일 어떤 과제를 수행할 수 있도록 그 주에 해당되는 날들에 과제들을 배분하라(〔그림 6-10〕을 보라). 주요 공부 시간을 확실히 포함시키도록 하라. 매일의 계획표에서 가장 우선 순위가 높은 일은 그 날과 전날에 기록했던 노트들을 복습하는 것이어야 한다. 이러한 복습을 하는 데는 단지 몇 분, 각 수업마다 5분가량이 필요하다. 또한 주요 공부 시간의 다른 요소들, 예를 들어 다음 날 수업을 들을 준비와 학습 카드를 만들기, 그리고 다른 노트들을 복습하는 데에도 시간을 남겨놓아라.

그림 6-9 일일 계획표의 표본. 그 날 할당된 수업을 먼저, 다른 일은 나중에 채우기

화요일		화요일	
6:00		6:00	
7:00		7:00	
8:00		8:00	
9:00	영어	9:00	영어
10:00		10:00	
11:00	생물	11:00	생물
12:00		12:00	프레드와 점심
1:00		1:00	
2:00	역사	2:00	역사
3:00		3:00	
4:00	생물 실험	4:00	생물 실험
5:00		5:00	생일 카드 사기
6:00		6:00	스낵바에서 저녁
		7:30	콘서트

그림 6-10 공부시간이 표기된 계획표의 표본

화요일	
6:00	
7:00	
8:00	
9:00	영어
10:00	노트 복습, 학습 카드 만들기, 듣기 준비
11:00	생물
12:00	프레드와 점심
1:00	구두 보고 연습
2:00	역사
3:00	기말 보고서 정보 수집
4:00	생물 실험
5:00	생일 카드 사기
6:00	스낵바에서 저녁
7:30	콘서트

다섯째 주의 계획표가 〔그림 6-8〕에서 보았던 과제들을 포함하고 있음을 상기해 보아라. 그 주의 월요일에 (1) 읽기, (2) 구두 발표 교정과 연습, (3) 기말 보고서를 위한 정보 수집 과제들을 수행할 계획이라고 가정해 보라. 화요일에 당신은 (2) 구두 보고 연습과 (3) 기말 보고서를 위한 자료를 수집하는 데 또 다른 시간을 사용해야 한다. 화요일 계획표는 〔그림 6-10〕에 나타난 것과 같을 것이다.

앞서 언급한 바와 같이, 당신은 자신의 학교생활을 직업으로 보아야 한다. 해야 할 일을 매일 이용할 수 있는 시간에다 배분해 놓음으로써, 보통 직장생활을 하는 사람들이 직장에서 보내는 시간과 같은 오전 8시에서 오후 5시 사이에 모든 과제를 완수할 수 있을 것이다.

5. 체크리스트로서의 계획표

일일 계획표는 계획표로서와 체크리스트로서의 기능을 해야 한다. 정확하게 그것들을 따르고, 매일 저녁, 모든 과업이 완수되었는지를 점검해 보라. 어떤 것을 하지 않았다면 다음 날 그것들을 완수하길 시도하라. 이런 방식으로 일일 계획표를 사용할 때, 학업에서의 성공에 매우 중요한 과제나 매일 해야 할 공부를 뒤로 미루어서는 안 된다.

진전 상황에 대해 점검을 더 잘 하려면 주별 계획표를 점검해야 한다. 주별 계획표는 일일 계획표를 개발하고 완수한 과제를 점검할 수 있도록 설계된다. 매일 일일 계획표를 점검하고, 매주 토요일에는 주별 계획표를 검토해 보아라. 그 때, 지난 주의 모든 과제들을 완수했는지의 여부를 판별하고, 다음 주의 일일 계획표를 개발하라. 앞에 제시된 계획표들을 〔그림 6-11〕에서 볼 수 있는 것처럼 체크할 수 있다. 이 예에서 다섯 번째 주 화요일의 모든 과제를 점검했으나 토요일 난을 보면 여전히 기말 보고서를 위해 더 많은 정보를 수집할 필요가 있다. 이 과제는 여섯 번째 주에 가장 먼저 해야 할 일로 배치되어야 한다.

그림 6-11

화요일		
6:00		
7:00		
8:00		
9:00		영어
10:00	√	주요 공부 시간
11:00		생물 100
12:00		프레드와 점심
1:00	√	구두 보고 연습
2:00		역사
3:00	√	기말 보고서 정보 수집
4:00		생물 실험
5:00	√	생일 카드 사기
6:00		스낵바에서 저녁
7:30		콘서트

토요일		
토요일		
√	1.	읽기
√	2.	구두 보고 교정 , 최종 연습
	3.	기말 보고서를 위한 정보 수집
√	4.	영어 작문
	5.	생물 실험
√	6.	제인 아줌마에게 편지

과제를 완수하는 데 있어 중요한 문제 가운데 하나는 다른 사람들이 당신을 만나길 원하며 당신의 시간을 사용하길 원한다는 점이다. 이것이 문제가 된다면, 점심이나 저녁에 사람들을 만날 것을 고려해 보아라. 이런 행동은 다른 사람들을 위한 배려를 보여 주면서도 여전히 당신은 매일 할당된 과제들을 완수할 시간을 갖게 된다.

어떤 다른 학업적 자산도 주의 깊게 하루하루를 관리하는 것만큼 중요하지는 않다. 학업이라는 과업은 매일의 임무이다. 자신의 시간과 노력을 관리하는 것에 관하여 좀더 많은 충고를 얻으려면 우리가 추천하는 Alan Lakein이 쓴 시간과 인생을 통제하는 법이라는 책을 읽어보라. 이 책은 매우 직접적이고 유용하다.

과제를 완성할 때 완성 여부를 점검하라. 완성시키지 못한 과제는 다음 주에 우선 순위가 된다.

시간 관리 연습문제

1. 대학생들에게 시간 관리가 왜 가장 중요한 기능이라고 생각하는가? 그것이 고등학생에 비해 대학생에게 왜 훨씬 더 중요한 것이 되는가?
2. 자신이 해야 할 일과 기한은 스스로 관리해야 한다는 점을 알고 있어야 하는 이유는 무엇인가?
3. 일정표의 목적은 무엇인가?
4. 일정표에는 얼마나 많은 교과과정이 포함되어야 하는가?
5. 학업 과정의 단계들은 무엇인가?
6. 당신은 이 단계들을 일정표에 어떻게 적용하는가?
7. 주별 체크리스트의 목적은 무엇인가?
8. 해야 할 공부의 대부분을 낮에 하도록 계획을 세워야 하는가, 밤에 하도록 계획을 세워야 하는가?
9. 매일의 체크리스트의 목적은 무엇인가?
10. 주 단위로 매일의 체크리스트를 계획해야 하는 이유는 무엇인가?
11. 한 학기 공부를 계획하는 가장 중요한 이유를 설명하라.
12. 매일의 일정을 짜는 데 가장 중요한 활동은 무엇인가?

시간 관리 연습

1. 당신은 일 학년 영어수업을 받고 있다. 이번 학기 동안 해야
   할 일들은 다음의 것을 포함한다.

> 가. 여덟 개의 다섯 단락 에세이를 써야한다. 에세이들은 성적의 40%
>   를 차지할 것이다.
>
> 나. 2주마다 에세이 읽기 요약물을 제출해야 한다. 읽기는 성적의
>   20%를 차지할 것이다.
>
> 다. 기말 보고서는 그 학기의 15번째 주에 완성될 것이다. 그것은 성
>   적의 20%를 차지할 것이다.
>
> 라. 기말 시험은 그 학기의 마지막 주에 있을 것이다. 그것은 성적의
>   20%를 차지할 것이다.

2. 해야 할 모든 것들을 달성하기 위한 일정표를 준비하라.
   다음의 일정표로 6시까지 끝내야 할 하루의 체크리스트를
   개발하여라.

   오전 8:00 - 영어

   　　 9:00 - 물리 교육

   　　10:00 -

   　　11:00 -

   오후 12:00 - 점심

   　　 1:00 - 화학

   　　 2:00 - 역사(1시간)

   　　 3:00 -

   　　 4:00 - 화학 실험실

5:00 – 저녁(1시간)

일정표는 노트를 복습하기, 학습 카드를 작성하기, 영어 에세이를 위한 윤곽을 쓰기, 25쪽에 이르는 역사 과목 읽을거리의 독서, 화학 실험실에서 실험하기를 포함해야 한다.

시간 관리 요약

당신의 시간 관리는 당신의 인생을 통제하고 관리하는 가장 효과적인 방법이다. 시간을 관리하는 데 있어서 다음과 같은 준비를 하도록 권한다.

1. 일정표를 개발하라.

> 가. 각 수업시간표와 수업에서 해야 할 일들의 목록을 얻어라.
> 나. 일정표에 해야 할 일들에 대한 마감 날짜를 적어라
> 다. 학업과정의 단계들에 따라 장기간에 걸쳐 해야 할 일들을 부분들로 나누어라. 보고서 주제를 선정하기, 정보를 수집하기, 정보를 조직하기, 윤곽을 형성하기, 보고서 초안이나 발표를 준비하기, 편집하거나 수정하기, 최종 보고서를 준비하기
> 라. 일정표에 학업 과정의 마지막 단계에서 시작하여 시작 단계로 나아가면서 단계들을 배치하라.

2. 주별 계획표와 일일 계획표를 개발하라.

> 가. 그 학기에 해야 할 일들을 받았을 때 토요일 난에다가 주별로 해야 할 일들을 배치하는 방식으로 주별 계획표를 개발하라.
> 나. 토요일마다, 다음 주의 날들을 위한 일일 계획표를 완성하라.
> 다. 수업과 해야 할 일 외에도, 각 날에 수업과는 관련되지 않는 일로서 해야 할 일이나 약속을 기록하라. 주별 계획표에다 그 과제들을 적고 매일 그중 어떤 과제들을 달성할 수 있도록 그 과제들을 그 주의 각 날들에 분배하라.

3. 계획표를 체크리스트로 이용하라.

가. 매일 저녁에 일일 계획표상의 모든 과제들이 완수되었는지를 점검해 보라. 어떤 것을 하지 못했다면, 다음 날 그것들을 완수할 것을 시도하라.

나. 주별 계획표를 토요일마다 점검하라. 지난주에 해야 할 모든 과제를 끝냈는지를 보고 다음 주의 일일 계획표를 개발하라.

제7장 집중력

집중력은 주변에 무슨 일이 일어나는지 알아차리면서도 의식적으로 주의를 기울이는 능력, 즉 어떤 대상, 아이디어, 개념, 문제에 초점을 맞추는 능력이다. 집중은 어떤 의식적인 행동을 수행하는 데 필요한 것이다. 전적으로 신체적인 것으로 보이는 행동들조차 상당한 집중이 필요하다. 운동경기에서 아나운서들이 선수의 집중력, 혹은 집중력의 부족에 대해 말하는 것을 들어본 적이 있는가? 예를 들어 리시버가 그의 오른편으로 던져진 패스를 놓친다면, 혹은 투수가 스트라이크 대신 볼을 던진다면, 아나운서는 그 실수를 집중력 부족 탓으로 돌릴 수 있다. 이러한 행동들의 정신적 요소는 최소한 그들의 신체적 요소만큼 성공하는 데 중요한 것이다. 집중은 듣기, 읽기, 기록하기, 시험 치르기와 어떤 다른 형태의 학업상의 노력처럼 정신활동에서 매우 중요하다.

대부분의 학생들은 매우 짧은 시간 동안만 집중할 수 있다. 학생들이 단지 90초에서 120초 동안만 집중할 수 있다고 하는 것은 비일비재한 일이다. 다행히도 당신은 훨씬 더 길게, 한층 더 깊게 집중하는 것을 배울 수 있다. 듣기를 향상시키고 주요 공부시간을 사용하는 것 외에 집중력을 향상시키는 것은 시간 이용을 개선하는 가장 좋은 방법이다. 집중력이 향상되면 적은 노력으로도 한층 높은 수준으로 수행할 수 있다. 그것은 자동차의 연비를 향상시키는 것과 유사하다.

대부분의 사람들은 집중력은 선천적으로 결정되기 때문에 변화시킬 수는 없다고 생각한다. 많은 사람들은 집중력이 지능과 관련된다고 생각한다. 아인슈타인과 뉴턴과 같은 위대한 천재들은 어떤 문제가 해결될 때까지 장시간 집중할 수 있는 능력을 지닌 것으로 유명하다(아인슈타인은 한 번에 2시간 동안 집중할 수 있었다).

다행히도, 위대한 천재들만이 오랜 시간 동안 그들의 능력을 높은 수준으로 유지한 채 일할 수 있는 것은 아니다. 천재들이 유리한 점을 가지고 태어난 반면, 집중력이 현저히 좋은 많은 사람들은 자신들을 집중시키는 훈련을 해 왔다.

연습으로, 당신은 10분에서 20분까지, 혹은 더 오래 집중할 수 있다. 집중할 때 탁월한 일을 해내는데, '질 높은 시간'을 사용함으로써 시간이 훨씬 덜 걸린다는 것을 발견하게 될 것이다. 연습을 통해 자신을 더 영리하게 만들어라. 우리 모두는 우리가 사용하는 것보다 훨씬 더 큰 정신 능력을 가지고 있다. 집중력은 우리가 하고 있는 일이 무엇이든지 간에 보다 많은 정신 자원들의 초점을 맞추게 한다.

집중력을 향상시키는 단계들은 비교적 단순하고 쉽다.

- 앞서 기술한 것처럼 적절한 공부 장소를 발견하라.
- 헤드폰으로 조용한 음악을 듣는 것을 고려해 보라. '흰 소음(white noise)'의 테이프, 즉 바다, 파도, 초원의 소리가 담긴 테이프들은 외부 소음을 차단시키는 데 매우 도움이 될 수 있다. 이에 대한 대안으로는 주의를 분산시키는 것들을 차단하도록 설계된 음 발생기를 구입할 수도 있다.
- 초침을 가진 시계나 초를 나타내는 디지털 시계를 구입하라.
- 당신이 얼마나 오래 일할 계획인지 한정된 시간을 설정하라. 20분 정도씩 줄곧 공부하도록 해 보라.
- 20분 시간 단위들 사이에는 휴식을 취하도록 하라. 집중하려는 노력을 기울이면 피곤해져서 20분이 지난 후쯤에는 휴식이 필요할 것이다.

집중할 준비를 함에 따라 마음으로부터 모든 상념을 지우고 공부할 자료에만 주의를 기울이도록 노력하라. 주의를 분산시킬 것 같은 생각을 확인하고, 20분 동안의 집중을 위해 이러한 생각은 연기할 것임을 의식적으로 적어놓으라. 그러면 당신은 그 자료에만 주의의 초점을 맞출 수 있을 것이다.

자신의 주의가 분산되기 시작한다고 느끼면, "안돼"라는 말을 반복함으로써 자신을 가차 없이 그 자료에다가 끌어다 놓아라. 마침내 주의가 분산되면, 얼마나 많은 시간이 지났는지 보기 위해 시계를 보아라. 처음에, 그 과정은 꽤 낙담시키는 것일 수 있다. 보통의 학생들은 자신이 단 1분 혹은 2분 동안만 집중할 수 있음을 발견할 것이고, 4분이나 5분 집중을 하게 되는 데는 시간이 걸릴 것이다. 그러나 집중력이 향상되기 시작한 후에는 빠르게 증강된다.

최선을 다해 공부할 수 있도록 자신에게 가장 좋은 시간은 언제인지를 기록하라. 각 시간마다 좀 더 오래 집중하도록 노력하라. 컴퓨터로나 종이와 연필로 도표를 만드는 것이 도움이 된다.

집중 시간이 향상됨에 따라 자신의 학습이 향상됨을 주목해 보라. 더 오래 집중함에 따라, 더 잘 집중되고 읽기로부터 더 많은 것을 얻게 됨을 발견하게 될 것이다. 당신은 또한 기억이 더 원활하고 더 효과적이 되는 것도 발견할 것이다.

집중 시간을 기록하고 비교하면서 매일 집중하면, 집중 시간이 꾸준히 증가됨을 발견할 것이다. 집중력이 점차 향상됨에 따라, 주의가 분산되는 일 없이 20분을 완전히 집중할 수 있을 것이다. 당신은 시간을 이전 보다 더 잘 사용하고 있음을 발견할 것이다.

1. 집중력 장애

집중력은 지속성과 노력으로 최대화될 수 있으나 더 잘 집중하려는 시도는 때때로 오래된 나쁜 공부 습관과 갈등을 빚을 수 있다. 우리들 모두는 더 잘 집중할 수 있는 잠재력을 갖지만, 동시에 집중하지 않는 수년간의 습성이 굳어져 온 상태이다. 집중하려 할 때 우리는 자주 주의가 분산되고 백일몽을 꾸게 되고, 집중하려 했던 것 대신에 곧 할 필요가 있는 일들을 생각한다.

　주의가 분산되는 것은 여러 형태와 크기로 일어나지만, 내적 주의분산과 외적 주의분산 두 가지로 나누어 볼 수 있다. 이 둘은 학업과제에 주의의 초점을 맞추는 어떤 시도도 방해할 수 있다.

　외적 주의분산은 쉽게 이해할 수 있다. 학습자 근처에 있는 어떤 외부 소음, 광경 또는 다른 자극도 외적 주의분산의 요소로 볼 수 있다. 사이렌과 자동차의 경적 소리는 거의 어떤 사람이나 주의를 흩뜨리게 할 수 있는 거리 소음의 좋은 예이다. 불꽃놀이나 사격 소리도 마찬가지로 주의를 분산시킬 것이다. 몇몇 학생들은 우는 아이나 가까이 있는 텔레비전이 집중을 흩뜨리는 것이라고 말한다. 시각적으로 주의를 분산시키는 것 또한 무시하기가 어렵다. 사랑하는 사람의 사진들과 지나가 버린 좋은 시절을 상기시키는 그림이나 기념품들은 주의를 분산시키는 데 가장 확실한 것이다. 우리가 지적한 것처럼, 외적인 것에 의해 주의가 분산되는 것을 막는 방법은 외적 자극들이 아주 적도록 학습 환경을 바꾸는 것이다. 시각적, 청각적 자극들을 제한시킴으로써 주의를 분산시키는 것에 대한 민감한 반응을 최소화할 수 있을 것이다.

　내적으로 주의를 분산시키는 것은 외적인 것에 비해 한층 더 강력한 것일 수 있다. 내적으로 주의를 분산시키는 것의 좋은 예는 집중하려고 했을 때 가스 레인지 위에다가 무언가를 요리하기 위해 올려놓았다는 것을 갑작스럽게 깨닫는 것이다. 내적으로 주의를 분산시키는 또 다른 것은 전화할 필요가 있는 어떤 것, 지불할 필요가 있는 계산서, 최근의 논쟁 또는 어떤 다른 강한 정서 경험을 기억하는 경우이다.

　내적으로 주의를 분산시키는 것을 다루는 가장 좋은 방법은 우리가 앞서 논의했던 명상 테크닉을 이용하는 것이다. 주의가 분산되었다고 느낄 때, 스스로에게 크게 "안돼, 안돼, 안돼"를 반복하라. 집중을 자신이 통제할 수 있는 스크린으로 시각화하고, 어떤 것도 그 스크린을 흩뜨리지 못하고 떠나게 하라. 이 방법은 대부분의 경우 매우 효과가 있지만 가끔, 현재 하고 있는 일이 주의를 흩뜨리게 하는 일이라면 하는 일을 그치고, 주의를 분산시키는 일을 하는 것이 필요할 때도 있다. 전화를 하거나 청구서의 돈을 지불하거나 기타 당신을 성가시게 하는 일을 돌아보아라. 어떤 내적 주의분산은 매우 강력해서 집중하려는 어떤 노력도 그것을 이겨내지 못한다. 이러한 경우에는 먼저 주의분산을 가져오는 것들을 다루고, 그런 다음 다시 집중하라.

　집중력을 향상시키려는 오랜 여행을 시작할 때 분명히 내적이고 외적인 주의분산에 직면할 것이다. 유머감각을 유지하고, 우리의 지시를 따르며, 계속한다면 당신의 집중은 향상될 것임을 기억하라.

집중력 연습문제

1. '흰 소음'은 무엇인가?

2. 집중력에 대한 간단한 정의를 하라.

3. 짧은(15분에서 20분) 시간 단위로 공부하는 것은 왜 중요한가?

4. 집중하려는 자신의 의도가 집중이 더 잘 되도록 어떤 방법으로 돕는가?

5. 집중하려 할 때 당신은 주의분산을 어떻게 줄일 수 있는가?

6. 자신이 얼마나 오래 집중할 수 있는지를 아는 것은 왜 중요한가?

7. 집중하길 시도할 때 왜 마음을 비워야 하는가?

집중력 연습

1. 집중하려 할 때 자신의 주의를 분산시키는 것들의 목록을 만들어라. 고려해 볼 수 있는 영역들로는 다음의 것들이 있다.

> 가. 소음
> 나. 당신이 보는 사물들
> 다. 집중하려 하는 것을 방해하는 생각들
> 라. 온도
> 마. 불편한 의자
> 바. 빛이나 밝기 부족

목록을 작성한 후에 주의분산을 가져오는 것들을 극복할 만한 계획을 세우도록 노력하라. 집중을 방해하는 것에 대해 해야 할 일들을 결정하라. 당신의 집중 정도를 확실히 기록하도록 하라.

2. 집중력을 개선시키기 위한 다음의 절차를 연습하라.

> 가. 자신에게 "나는 집중할 것이다"라고 말함으로써 시작하라.
> 나. 당신의 정신적 스크린을 시각화하라. 그것을 텔레비전 스크린을 닮은 것으로 생각할 수 있다. 이 스크린은 집중의 초점이 될 것이다. 당신은 그 스크린에 무엇을 둘지에 관한 전체적인 통제권을 갖는다. 스스로에게 당신이 집중의 통제권을 갖는다고 말하라.
> 다. 정신적 스크린을 공백 상태로 만들어라. 그런 다음, 집중하고 싶은 것을 그 스크린에 올려놓아라(이것은 당신이 읽고 있는 것, 공부하고 있는 것, 듣는 것 등일 수 있다).

라. 집중이 흐려지거나 주의가 분산되면, 무엇이 집중을 떨어뜨리는지를 파악하라. 주의를 분산시키는 것을 기록하고, 그것이 다시 주의를 분산시키지 못하도록 피하는 방법에 대해 생각해 보라.

마. 라를 거쳐 앞의 단계들을 반복하라.

집중력 요약

집중력은 의식한 채 주의의 초점을 맞추는 것이다 그것은 어떤 의식적인 행동과 특별히 학업 과제를 수행하는 데 필요하다. 대부분의 학생들은 아주 짧은 시간 동안만 집중할 수 있다. 다행히도, 다음의 몇 가지 간단한 제안을 따름으로써 어떤 사람이나 집중력을 향상시킬 수 있다.

1. 눈에 띄는 곳에 시계를 놓아둔, 적절한 공부 장소를 발견하라.
2. 조용한 음악을 듣거나 헤드폰으로 '흰 소음'을 들어라.
3. 얼마 동안 공부할 계획인지(한번에 20분에서 30분) 시간을 정하라. 정해진 시간들 사이사이에 휴식을 취하라.
4. 공부하려고 하는 자료 외에 모든 것을 마음에서 지워라. 주의를 분산시키는 생각들을 확인하고 그것들을 뒤로 미루어라.
5. 주의가 분산되기 시작하면, "안돼!"라는 말을 반복하라. 집중을 하나의 스크린으로 시각화하고, 그 스크린에서 주의분산 가능성이 있는 것들을 제거하라.
6. 마침내 주의가 분산될 때 얼마나 시간이 경과되었는지를 보기 위해 시계를 보아라.
7. 집중 시간에 대한 도표를 작성하고 매번 좀 더 길게 집중하도록 노력하라.

 제8장 학습을 관리하기

학습을 관리한다고 하는 것은 당신이 정보를 처리하는 방법에 영향을 미칠 행동들을 실행할 수 있음을 의미한다. 이 장에서 설명할 중요한 방법은 정보의 구조화와 자료를 매일 복습하는 것에 관한 것이다.

1. 구조를 개발하기

인간은 어떤 다른 동물보다 정보를 더 잘 학습하고 구조화한다. 우리는 원하든, 원하지 않든 간에 자동적으로 학습한다. 우리는 하루 종일 TV광고와 무익한 잡담에서부터 셰익스피어에 이르기까지 정보를 범주화하고, 분류하고, 철하여 보관한다.

학교에서는 대개 새로운 아이디어, 개념, 정의들을 당신이 이미 알고 있는 것들에 연합시킴으로써 학습한다. 이러한 연합은 서로 들어맞는 구조와 아이디어의 집합체로 함께 묶여진다. 대부분의 사람들이 익숙한 정보의 구조는 역사, 수학, 과학, 언어, 그리고 다른 분야를 포함한다. 이들 각각의 구조들 내에는 여러 층의 더 작은 구조들이 있다.

두뇌는 매일의 활동에서 접하는 자료를 저장하는 것이 가능하도록 정보에 대한 구조를 발달시킨다. 수업을 준비하고, 강의를 듣고, 노트를 정리할 때 자료를 집합체로 조직하려 애써라. 즉 어떤 종류의 정보, 감정, 개념과 사실들을 함께 묶을지를 결정하라. 교실에서 이러한 개념 구조들을 발달시키는 것은 그 지식이 필요할 때마다 그 자료를 회상하는 데 도움이 된다. 우리는 함께 묶은 이야기들은 기억하지만, 서로 관련되지 않는 세부사항들은 망각한다. 일단 정보의 개념 구조들을 모으면(그렇지 않으면 망각해 버릴 수 있는 세부사항들을 포함하여), 당신은 아이디어들을 일관성 있고 의미 있는 전체로 통합할 수 있다. 통합된 아이디어와 세부사항들은 인출하기가 훨씬 쉬워질 것이다.

2. 매일 복습

구조를 생성한 후에 사실, 아이디어, 개념을 기억할 수 있는 가장 좋은 방법은 끊임없는 복습이다. 학업자료를 기억하는 기본적인 원리는 시간이 경과되면서 자주 보는 것을 회상하는 것이다.

시간의 경과와 더불어 빈번히 보거나, 듣거나, 냄새 맡거나 혹은 맛보는 것은 어떤 것이든 애쓰지 않고도 기억하는 경향이 있다. 학교에서, 혹은 다른 어떤 구조화된 상황에서 자신에게 유리하게 자동 학습을 이용할 수 있다. 노트와 학습 카드를 매일 복습하는 것은 두뇌가 자연스럽게 기능하는 방식인 이러한 학습을 이용하는 것이다. 이런 이유로, 그것은 가장 쉬운 공부 방법 가운데 하나이다.

노트를 복습하는 것은 그것들을 주의 깊게 읽고 그 내용에 집중하는 것과 관련된다. 그것들을 기억하려 애쓰지 말아라. 수업이나 읽기 노트를 기록한 후에는 그것들을 매일, 최소한 5일 연속해서 복습하여라. 그런 후에는 그 내용을 회상하는 것이 더 이상 필요하지 않을 때까지 일주일에 한 번씩 노트들을 계속해서 복습해라.

노트들뿐 아니라 학습 카드도 복습해야 한다. 항상 카드를 지니고 다니면서 하루에 각 카드를 5번이나 6번 보려고 애써라. 한 번씩 보는 간격은 최소 한 시간 간격을 유지하라. 한번에 5개에서 10개의 카드를 공부하라. 의미 없이 보내는 시간들 예를 들면, 버스를 기다리고 있을 때라든가 수업이 시작하길 기다리고 있을 때, 혹은 점심을 먹기 위해 줄서 있을 때, 몇 분의 시간을 가질 때면 학습 카드를 복습하도록 하라. 이러한 방법으로 그냥 허비될 수 있는 시간을 효과적으로 이용할 수 있다.

저녁에는 카드의 내용을 암송할 수 있어야 한다. 분리된 서가에 당신이 알고 있는 카드들을 배치하라. 하루의 복습 후에 카드를 회상할 수 없으면 다른 날로 그 카드를 옮겨라. 일주일에 한 번씩 당신의 모든 카드들을 복습하라. 이런 유형의 복습은 상세한 것을 기억하는 것이 필요할 때 최상의 회상을 유지해 준다.

학습카드의 목적은 시험에 나올 것 같은 상세한 내용을 확인하는 것으로서, 그 정보를 자세히 기억할 기회를 준다. 학습카드는 알 필요가 있는 정보를 분리시켜준다. 노트와 교과서에 있는 항목들을 기억하려면, 그 페이지에 있는 나머지 정보들을 보지 않을 수 없다. 학습 카드에서 주의를 분산시키는 다른 것들은 제거된다.

학습 카드들은 스스로를 기만하지 않게 해 준다. 시험에서 어려움에 직면하는 대부분의 학생들은 그들이 진정으로 알지 못할 때 그 자료를 안다고 스스로를 설득해 왔다. 그들은 그것을 이해는 했지만, 충분히 A를 받을 수 있을 만한 상세한 지식은 부족했다.

매일의 복습은 또한 오디오 학습 카드로 알려진 것을 이용하여 달성할 수 있다. 오디오 학습 카드를 만들기 위해서는 이런 방식으로 학습하길 원하는 세부적인 것들의 목록을 만들어라. 적절한 세부사항은 보통의 학습 카드에 이용되는 것들로서 정의를 가진 용어, 날짜를 가진 사건, 사용되는 공식, 답안이 있는 질문 등과 같은 것들을 포함한다. 자료를 수집한 후에는 녹음기에 공 테이프를 넣어라. 녹음 버튼을 누르고 학습할 항목(사건, 공식, 문제 등)을 마이크를 대고 말하라. 조용히 정의나 답(날짜, 용도, 답안 등)을 읽으면서 녹음하라. 테이프에 침묵의 간격을 남겨두어라. 그런 다음 그 항목과 정의나 답을 큰 소리로 되풀이하여 말해 보아라.

테이프로 학습하기 위해 각 항목을 듣고, 뒤따르는 휴지기 동안 정의나 답을 되풀이하여 말해 보아라. 테이프는 그 때 그 항목을 되풀이하여 말할 것이고 정확한 반응을 제공해 줄 것이다.

이러한 기법은 테니스를 칠 때, 잔디를 깎을 때, 혹은 생각을 별로 요하지 않는 많은 다른 활동을 할 때 자료를 학습할 수 있게 해 준다.

녹음기는 또한 보다 복잡한 개념들, 요점들, 그 밖의 상호 관련된 정보 조각들을 녹음하는 데 이용할 수 있다. 이 기법은 오디오 학습 카드를 사용하는 것과는 다소 다르다. 그것은 노트 복습이 가능하지 않을 때에 그것을 들을 수 있도록 정보를 조직해서 녹음하는 것과 관련된다. 이런 방식으로 공부할 수 있는 주제들의 예는 법의 판례, 약품에 관한 약학 정보, 역사에서 개념들과 관계, 그리고 상호 관련된 많은 정보를 포함하는 다른 영역들일 수 있다.

오디오 테이프는 또한 이완된 상황에서 복습하는 데 유용하다. 정보를 조직하고, 그것을 테이프로 녹음하고, 그런 다음 이완된 상태에서 그 테이프를 들어라. 이완된 사고를 하면서 침대나 소파에서 긴장을 풀어라. 그런 다음 테이프를 듣기 시작하라. 테이프에 집중하는 것이 반드시 필요한 일이 아니고, 당신은 이완된 사고를 계속할 수 있다. 몇몇 학생들은 테이프의 정보를 듣는 동안 이완시키는 음악을 틀어놓는 것이 특히 도움이 된다는 사실을 알게 되었다.

이완된 상태로 복습하는 것은 세 가지의 매우 유용한 학습 양식, 즉 정보를 조직하기, 암송하기, 그리고 복습하기를 포함한다. 대체로 이완된 상태로 하는 복습은 학습하는 것이 유쾌하면서도 효과적인 방법이다.

학습 관리 연습 문제

1. 학습 연합은 무엇인가?

2. 학습 구조는 무엇인가?

3. 구조와 연합은 자료학습에 어떻게 도움이 되는가?

4. 학업 자료를 기억하는 기본 원칙은 무엇인가?

5. 학습 카드를 얼마나 자주 복습해야 하는가?

6. 오디오 학습 카드는 무엇인가?

7. 학습 카드를 이용할 때 어떤 종류의 정보가 가장 잘 학습되는가?

8. 얼마나 많은 정보 항목들을 각 학습 카드에 넣어야 하는가?

9. 이완된 상태에서 하는 복습에 필요한 것은 무엇인가?

학습 관리 연습

1. 다음 문장들로부터 학습 카드를 만들어라.

> 가. 원의 면적에 대한 공식은 원의 반지름^2 × 22/7이다.
>
> 나. 콜럼버스는 1492년에 미국을 발견했다.
>
> 다. 꽃받침은 꽃 밑을 둘러싸고 있는 조각들이다.
>
> 라. 두 개의 음수를 곱하면, 결과는 양수가 된다.
>
> 마. 뉴턴의 제1 운동법칙은 "물체에 힘이 가해지지 않으면, 물체는 정지해 있거나 등속도로 직선을 따라 계속 움직일 것이다."이다.

2. 오디오 학습 카드를 만들기 위해 같은 문장들을 사용하라.

3. 진전된 연습

   공부하면서 자신에게 유용한 것으로 생각되는 지식의 구조를 창안하기 위한 전략을 고안하라. 윤곽, 그래프, 도표와 그림들도 가능한 방법이다. 교과서 중 하나에서 한 장을 읽어보고 정보를 구조화하기 위해 선택한 방법을 이용하라. 당신은 5개에서 9개까지의 범주를 갖기를 기대해야 한다. 그 장에서 정보를 구조화하기 위한 하나의 방법을 개발한 후에, 또 다른 방법을 선택하고 그 둘의 효과성을 비교하라. 이후로도 학습하는 것을 구조화하는 많은 방법들을 고려하라.

학습 관리 요약

학습과 기억의 효과를 향상시키기 위해, 지식의 구조를 개발해야 하고 매일 복습을 해야 한다.

1. 구조 개발　당신은 새로운 아이디어, 개념과 정의를 이미 알고 있는 아이디어에 연합시킴으로써 자동적으로 학습한다. 이 연합들은 구조와 서로 들어맞는 아이디어들로 구성된 정보 집합체로 한데 묶여진다. 수업 중에 관련된 정보를 마음 속으로나 노트에 미리 구조화시킴으로써 이 기능을 보조할 수 있다. 구조를 개발하는 것은 그 지식이 필요할 때마다 아이디어들과 그 아이디어들에 관련된 세부적인 것들을 회상할 수 있도록 도와준다.

2. 매일 복습　자료를 매일 복습하는 것은 구조화된 정보를 위한 가장 좋은 회상 방법이다. 시간이 지나면서 자주 듣거나 보는 것을 회상한다. 여러 유형의 매일 복습을 다음에 기술해 놓았다.

> 가. 노트
> - 5일 동안 매일 강의와 읽기에서 쓴 노트들을 복습하라.
> - 최소한 일주일에 한 번 모든 노트들을 복습하라.
>
> 나. 학습 카드
> - 한 번에 5분에서 10분, 하루에 5회 내지 6회 복습하라.
> - 복습하는 시간 간격은 한 시간 정도를 두어라.
> - 분리된 서고에다가 당신이 아는 카드들을 갖다 놓아라.
> - 일주일에 한 번씩 모든 카드들을 복습하라.

다. 오디오 학습 카드

- 학습하고자 하는 세부적인 것들의 목록을 만들어라.
- 녹음 버튼을 누르고 학습할 항목을 말하라. 조용히 정의나 답을 읽은 다음, 그 항목과 그것의 답을 큰 소리로 되풀이하여 말하라.
- 공부하기 위해 각 항목을 듣고, 뒤따르는 휴지기 동안 정의나 답을 되풀이하여 말하라.

라. 복잡한 아이디어를 녹음하기

- 학습하고 녹음하고 싶은 정보를 조직하라.
- 노트를 복습할 시간이 없을 때 그 테이프를 들어라.
- 이 방법을 법의 판례, 약학 정보, 역사의 개념과 관계 등에 사용하라.

마. 이완 상태에서의 복습

- 학습하고 녹음하고 싶은 정보를 조직하라.
- 긴장이 없는 자세로 이완된 사고를 하고 원하는 음악을 들으면서 테이프를 들어라.

제9장 기억을 관리하기

대부분의 학생들이 기억과 관련하여 직면하는 중요 문제는 회상, 즉 필요할 때 기억에서 정보를 인출하는 능력이다. 의지가 기억을 향상시킨다. 기억하려고 하는 의지가 집중력, 정신 과정, 그리고 자료를 회상하는 능력을 향상시킬 것이다. 이 밖에도, 회상을 향상시키고 학업 수행을 개선할 수 있는 몇 가지 특수한 기법들이 있다.

1. 범주화 방법

어떤 항목들의 목록을 자주 회상하는 것이 필요하다. 그러한 과제에서 한 가지 유용한 방법은 다음의 단계들을 이용하여 그 항목들을 범주화하는 것이다.

1. 그 목록을 쭉 훑으면서 여러 항목들간의 유사점과 차이점을 결정하라.
2. 항목들을 범주들로 조직하라.
3. 범주들에 번호를 붙여라.
4. 각 범주에 넣을 항목들의 수를 결정하라.
5. 각 범주에 있는 항목들의 수에 주목하면서 범주별로 항목들을 여러 번 반복하라.

그런 다음, 그 목록을 회상할 필요가 있을 때 다음의 절차를 따라라.
1. 범주들의 수를 회상하고, 마음속으로 범주명을 반복하여라.
2. 첫번째 범주에 있는 항목들의 수를 회상한 후, 그 범주에 있는 각 항목을 회상하라. 한 범주에 얼마나 많은 항목들이 있는지 알면 그 목록을 회상하는 것이 한층 쉬워진다. 비교적 작은 목록을 회상하기 때문에 회상 또한 향상된다.
3. 각 범주에 있는 항목들을 회상하면서 다른 범주들을 훑어보라. 회상은 크게 향상될 것이다.

2. 장소법

긴 목록을 회상하는 데 이용하는 또 다른 기법은 **장소법**(loci method)이라 칭하는 것이다. 장소법은 수세기 전 그리스 사람들이 발달시킨 것이다. 이 절차에서는 목록에 있는 각 항목을 특별한 장소와 연합시킨다. 이 회상 방법은 매 학기 초에 몇몇 선생들이 사용하는 방법이기도 하다. 학생들이 지정된 좌석에 앉으면, 좌석 배치표에 따라 선생은 각 학생을 그의 위치로 확인할 수 있다. 좌석 배치표를 봄으로써 선생은 두 번째 줄의 네 번째 좌석에 앉은 학생이나 교실 어느 곳에 앉은 학생이든지 그의 이름을 알 수 있다. 오래지 않아, 그는 각 학생의 이름을 좌석 위치와 결합하여 학생들의 이름을 학습할 것이다.

장소법을 이용할 수 있는 여러 방법들이 있다. 미국 대통령들의 이름을 순서대로 학습하는 것이 필요하다고 가정해 보라. 첫 번째 과제는 자신이 매우 잘 아는 어떤 장소를 고르는 것이다. 당신은 당신 집의 배치도를 매우 잘 알기 때문에 집을 선택할 수 있다. 집에는 거실로 닿는 현관이 있고, 거실은 식당에 닿아 있으며, 거실은 또한 작업실과 부엌으로 연결된다고 상상해 보라. 마음 속에 이러한 배치도를 갖고, 이 집에서 대통령들을 순서대로 자리를 지정하여 앉게 하는 것을 시각화해 보라. 조지 워싱턴은 현관 쪽의 조그만 공간을, 존 애덤스는 거실 소파의 첫번째 자리를, 토마스 제퍼슨은 그 다음 자리를 지정해 줄 수 있다. 이런 식으로 계속 집 전체에 각 대통령을 순서대로 배치하고 이를 시각화하라. 마음속으로 이러한 자리 배정을 하면서 그것을 여러 번 반복하여라.

대통령들을 순서대로 회상하도록 요구받을 때는, 집의 배치도를 시각화하고, 각 대통령에게 지정해 주었던 자리를 시각화하라. 대통령의 이름을 그의 자리와 결합하여 한 사람씩 회상하라. 몇몇 학생들은 각 대통령의 이름을 3×5 인치 색인 카드에 쓰고 그 카드를 소파나 의자에 두는 것이 도움이 됨을 발견한다. 이것은 회상하는 데 보다 도움이 되는 행동이다. 필요하면 돌아가서 각 카드를 다시 보고 대통령 이름과 장소의 연합을 강화시킬 수 있다. 대통령의 이름들을 순서대로 말해 보라는 요구를 받을 때, 집으로 돌아가서 카드를 뽑는 장면을 상상해 보라.

장소법과 범주화 방법을 결합시키는 것은 특히 긴 목록을 회상해야 할 때 유용할 수 있다. 위의 예에서는, 대통령들을 세 범주나 네 범주로 나눌 수 있다. 예를 들어 한 범주를 앤드루 잭슨 앞의 대통령들에 부과하고, 또 다른 범주는 잭슨부터 그로버 클리브랜드까지로 하고, 세 번째 범주는 클리브랜드로부터 하딩까지, 그리고 마지막 범주는 나머지 대통령들을 포함시키는 것으로 정할 수 있다. 각 범주에 있는 대통령들의 수를 센 후에, 네 집단의 각각을 특별한 방과 연합시켜라. 첫번째 그룹을 거실로, 두 번째 그룹을 식당으로 등의 방식으로 배치해 볼 수 있다. 이러한 기법은 대통령들을 순서대로 회상할 수 있도록 도와주고, 그 목록을 보다 작고 다루기 쉬운 단위로 나눌 수 있게 해 준다.

3. 기억술

기억술은 한 단어나 문장을 다른 단어, 단어들의 그룹, 혹은 문장과 연합시킴으로써 기억을 돕는다. 기억술은 짧은 목록들을 회상할 때에 특히 도움이 된다. 다음에서 우리는 여러 가지 기억술의 예들을 기술하겠다. 각 예는 일종의 epynym이다. 즉, 다른 단어들을 기억하길 돕도록 고안된 한 단어 혹은 단어들의 그룹이다.

*HOMES*는 5대호를 기억하기 위한 기억술이다. *HOMES*가 각 호수(Huron, Ontario, Michigan, Erie, Superior)의 첫번째 글자들로 이루어져 있다는 것을 주목하라. *Every Good Boy Does Fine* 또한 음악을 공부할 때 이용된다. 각 단어의 첫번째 철자는 높은음자리표 선에 떨어지는 음표를 나타낸다. 이와 유사하게 *FACE*에 있는 철자들은 높은음자리표 선들 사이에 오는 음표들을 나타낸다.

마지막에 있는 두 개의 기억술은 음표들의 이름 회상에 도움이 되지만 다른 방식으로 그러하다는 것에 주목해라. *HOMES*처럼 *FACE*는 頭文字語(acronym), 즉 다른 단어들에 있는 첫번째 철자들을 따서 한 단어로 만든 것이다. *Every Good Boy Does Fine*은 모든 단어의 첫번째 철자가 또 다른 단어에서 첫번째 철자를 나타낸다. 문장들은 또한 사람들, 대상들, 그리고 다른 항목들을 나타내는 데 이용할 수 있다. 예를 들어 *My Very Educated Mother Just made Sandwiches for Us of Nutritious Peanut butter*는 태양계의 혹성들을(Mercury〔수성〕, Venus〔금성〕, Earth〔지구〕, Mars〔화성〕, Jupiter〔목성〕, Saturn〔토성〕, Uranus〔천왕성〕, Neptune〔해양성〕, Pluto〔명왕성〕)을 학습하는 데 이용할 수 있다.

글자 수수께끼를 만들 때 아는 사람들의 이름을 이용해서 문장을 재미있게 만드는 것이 도움이 된다. 문장을 재미있게 만들수록 회상하기가 더 쉬워질 것이다. 기억술은 시험 때 필요한 회상을 도우며 공부를 재미있도록 만들어 준다.

기억술은 범주화 방법 및 장소법과 결합하여 이용할 수 있다.

예를 들어, 대통령들의 각 범주에 대해 하나의 문장을 구성할 수 있다. 각 대통령 이름의 첫번째 철자는 기억술 문장들 중 하나에서 한 단어에 있는 첫번째 철자가 될 것이다.

4. 상향식 학습

많은 학생들에게 가장 어려운 과제들 가운데 하나는 시를 학습하는 것이다. 특히 시를 반 학생들이나 선생 앞에서 암송해야 할 때 어려운 과제가 된다. 회상은 거의 항상 어려운데, 청중 앞에서 해야 하는 스트레스가 더해질 때는 한층 더 어려운 것이 된다.

시를 외우는 아주 효과적인 방법은 그것을 상향식으로 학습하는 방법이다. 먼저, 시 전체를 읽고 마지막 줄을 학습하라. 다음으로는, 시 전체를 읽고 마지막 줄의 바로 앞줄을 학습하라. 그런 다음, 그것을 쭉 읽고 맨 끝으로부터 세 번째 줄을 학습하라 (여전히 마지막 줄과 마지막 줄의 바로 전 줄을 회상하면서). 시 전체를 학습할 때까지 이 절차를 계속하라. 시 전체의 학습은 그 시의 후반부 절반을 의도적으로 학습할 무렵에 이루어지게 된다. 왜냐하면, 시 읽기를 할 때마다 시 전체를 반복했기 때문에 전반부 절반을 자동적으로 학습하게 되기 때문이다.

상향식 학습은 하나의 시를 처음부터 끝까지 학습하는 데 걸릴 시간의 절반 가량이 지났을 때 그 시를 학습하도록 도울 것이다. 당신이 암송을 요구받을 때 당신의 암송이 시의 마지막 무렵에 갈수록 향상된다는 부가적인 장점을 갖는다. 대체로 학생들의 수행은 후반부로 갈수록 저하된다.

상향식 학습 방법은 산문을 학습할 때도 똑같이 효과적이다. 간단하게 그 자료를 시에 있는 것들과 비교할 만한 줄의 길이로 나누어라. 각 줄의 의미가 통하는 것이 좋으나 모든 줄이 완전한 문장일 필요는 없다. 그 산문을 시와 같은 형식으로 바꾼 후에 그것을 기억할 수 있도록 상향식 기법을 사용하라.

5. 그림 정보의 학습

학생들은 자주 차트, 그래프, 슬라이드와 그림들 같은 그림 정보나 삽화가 들어간 정보를 학습하도록 요구받게 된다. 미술 수업에서는, 여러 가지 예술 작품들의 이름과 서술적인 묘사를 학습할 경우도 있다. 역사와 지리에서는 지도, 차트와 다른 그림 데이터를 학습하도록 요구받을 수 있다. 이런 유형의 정보는 조직하고 학습하기가 매우 어렵다.

그림 정보를 학습하는 한 가지 방법은 지그소우 퍼즐(jigsaw puzzle)을 푸는 방법과 유사하다. 지그소우 퍼즐 문제를 풀 때, 한번에 그것을 전부 풀려고 해서는 안 된다. 바깥의 가장자리와 눈에 현저히 드러나는 특징으로부터 시작하여 한 번에 조금씩 하게 된다. 지도, 슬라이드, 혹은 그림을 배우길 시도할 때, 그 자료를 4분면으로 나누어라. 그 그림을 절반으로 나누되, 처음에는 수직선으로, 그 다음에는 수평선으로 나누어 시각화하라. 그런 다음, 이 선들의 양쪽을 동시에 시각화하고 그 자료를 네 개로 균등 분할하라. 각각의 4분의 1에 번호를 매겨라.

그 자료의 중앙은 시각화된 선으로 잘려 있음을 주목하라. 이것은 그 그림의 중앙을 학습하려 애써서는 안 되기 때문에 중요하다. 우리의 눈이 보통 그림의 중앙으로 이끌리지만 그것은 학습하기가 가장 어려운 부분이다. 이에 대한 한 가지 이유는 그림 자료는 중앙 부분이 전형적으로 매우 동질적이기 때문이다. 서로 아주 다른 조각들을 학습하는 것이 한층 쉬우며 슬라이드, 지도, 차트, 그림들에 있어서 주요한 차이는 대개 가장자리에 있다.

그 자료의 각 4분의 1을 훑어보고, 가장자리로부터 중앙 쪽으로 가면서 주의를 끄는 특징을 찾아라. 만약 그림의 첫번째 4분의 1면에서 무엇인가가 눈을 끌면, 그 그림의 이름을 기록하고 그림의 가장 중요한 특징이 첫번째 4분의 1면에 있다는 사실을 기록하라. 그런 다음 그 그림을 여러 번 검토하고, 첫번째 4분의 1면에만 주의를 기울여라. 슬라이드, 그림, 차트 혹은 그래프의 4분의 1면만을 학습한 후에 당신은 그것에 이름을 붙이고, 다른 것들로부터 그것을 구분할 수 있을 것이다.

6. 표준 기억 매트릭스

전 장에서 강조한 것은 새로운 정보를 자신이 이미 알고 있는 정보와 결합시킴으로써 학습한다는 점이다. 표준 기억 매트릭스는 이러한 학습 유형에 이용한다. 매트릭스는 가, 나, 다 순으로 각각을 하나의 항목으로 해서 14개의 명사들을 포함한다(〔그림 9-1〕을 보라).

그림 9-1 기억 매트릭스

가 면	나 사	다 람 쥐	라 디 오	마 늘	바 지	사 자
아지랑이	자 라	차 량	카 메 라	타 조	파 도	하 늘

10개 항목의 목록, 즉 어릿광대, 머리핀, 스파게티, 초콜릿, 목욕가운, 새, 고릴라, 신발, 담배와 스웨터를 기억할 필요가 있다고 가정해 보라. 그 과제를 쉽게 달성하기 위해 표준 기억 매트릭스를 이용할 수 있다. 각 항목을 그 매트릭스에 있는 첫번째 10개 항목들 가운데 하나에 관련지어라. 할 수 있다면 어떤 행동을 포함하는 두 개 항목들의 이미지를 머릿속으로 그려보아라. 예를 들어, 그 목록에 있는 첫번째 항목인 어릿광대를 매트릭스의 첫 번째 항목인 가면과 관련지을 수 있다. 가면을 쓰고 있거나, 가면을 벗고 있거나, 또는 가면을 손에 들고 휙휙 돌리고 있는 어릿광대의 그림을 머릿속으로 만들어 보아라. 이미지를 가능하면 생생하게 만들어라. 10개 항목 각각으로 이미지 만들기를 해 보면, 공부하지 않고 매트릭스를 보는 것만으로도 전체 목록을 회상할 수 있음을 알게 될 것이다. 이 예를 실제로 실행해 보라. 그것이 쉽고 재미있다는 사실을 알게 될 것이다.

기억 관리 연습문제

1. 목록을 학습하기 위한 세 가지 방법은 무엇인가?
2. 기억술을 이용하는 방법을 설명하라.
3. 장소법이라고 하는 것은 무엇인가?
4. 범주화 방법을 사용할 때, 각 범주에 있는 항목들뿐 아니라 범주들에 번호를 붙여야 하는가?
5. 어떤 목록을 학습할 때 어떤 방법들을 결합해야 하는가? 어떻게 결합하는가?
6. HOMES는 무엇을 나타내는가? 그것은 어떤 기억술을 이용한 것인가?
7. 현미경 슬라이드의 내용을 학습하기 위한 가장 좋은 방법은 무엇인가?
8. 왜 삽화의 중앙으로부터 보다는 가장자리로부터 학습하는가?
9. 삽화를 네 조각으로 나눈다고 하는 것은 무엇을 의미하는가?
10. 하나의 시를 갖고 상향식 학습을 이용하는 방법을 설명하라. 이 방법이 왜 효과적이라고 생각하는가?
11. 표준 기억 매트릭스를 이용하는 방법을 설명하라.

기억 관리 연습

1. 다음의 목록을 회상하기 위한 범주들을 개발하기 위해서 이 장에서 설명한 절차를 따르라.

       살구
       시금치
       배추
       앞치마
       헬리콥터
       자두
       양상추
       재킷
       오토바이
       뗏목
       파인애플
       스웨터
       사과
       와이셔츠
       버스
       복숭아

2. 개발한 범주들 가운데 하나를 이용해서 그 범주에 있는 항목들의 회상을 도울 기억술을 고안하라.

3. 다른 범주를 회상할 수 있도록 장소법을 사용하라.

4. 한 친구에게 시를 기억하기 위한 상향식 학습을 이용하는 방법을 말해 보라.

5. '가' 부터 '하' 까지의 순서로 기억 매트릭스의 14단어를 학습하라. 이것은 14개의 항목이나 더 적은 항목들로 된 어떤 목록을 회상하는 것이 필요할 때 당신에게 유용할 것이다.

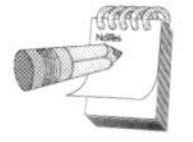 제10장 과정으로서의 수업 참여

수업하는 동안 실행하는 주요 처리 조작은 요약하기, 질문하기, 연합을 개발하기, 그리고 수업 토론에 참여하기나 소집단 활동이다. 이것들 각자는 수업 시간에 정보 회상을 향상시키고 학습을 증진시킨다. 이러한 정신 활동들은 또한 듣기와 노트 기록하기를 향상시킬 것이다.

1. 요약하기

요약하기는 정보의 가치를 결정하는 것과 자신의 말로 아이디어를 재진술하는 것을 포함한다. 요약하기는 직접적인 정보 회상에 비해 훨씬 더 고등한 정신 기능이다. 그것은 이해를 획득하고 기억을 향상시키는 매우 효과적이고 능률적인 방법이다. 또한 수업에 참여하는 중요한 방법이다.

수업에서 당신은 답을 알기 위해 손을 드는 것이 아니라 자료에 대해 조용히 판단함으로써 무엇을 말하고 행하는지를 질문해야 한다. 누가, 언제, 어디서, 무엇을, 어떻게, 왜라고 하는 육하원칙은 수업이 진행됨에 따라 물어야 할 효과적인 질문이 된다. 다른 효과적인 질문은 그 자료는 무엇을 의미하는가? 선생이 무엇을 이끌어내려고 하는가? 선생은 왜 그것을 강조하는가? 등과 같은 것이다. 내용에 대해 질문을 제기하는 것은 그 자료를 보다 흥미 있는 것으로 만들고 기억과 학습을 향상시킨다.

2. 연합을 개발하기

교실은 연합을 개발하는 데 유용한 장소이다. 선생이 말하고 있을 때 유능한 학생들은 제시된 아이디어들과 연합을 형성하기 위한 시도를 한다. 이 자료와 유사한 것으로서 내가 이미 알고 있는 것은 무엇인가? 스스로에게 묻는 것은 기억을 향상시키는 데 도움이 될 수 있다. 예를 들어, 새로운 사건의 날짜를 이미 알고 있는 어떤 날짜와 연합시키는 것은 그 새로운 날짜를 기억하는 데 도움이 될 것이다. 이러한 유형의 회상 전략을 시험이나 새로운 정보가 요구되는 어떤 다른 때에 이용할 수 있다.

3. 수업 토론과 소집단

수업 토론과 소집단 상호작용은 말함으로써 학습할 수 있는 탁월한 기회를 제공한다. 누군가에게 말한다고 하는 것은 회상을 향상시키는 매우 효과적인 수단이 된다. 말할 때는 자료에서 의미 있는 지식들을 가려내야 하기 때문에 고등 사고를 요구한다. 앞에서 언급했던 대로 우리는 들은 것의 22%와 본 것의 24%를 회상하지만 말한 것은 76%를, 한 일은 94%를 회상한다. 말하는 것은 수행할 수 없는 추상적인 것들을 회상하는 가장 좋은 방법이다. 수업 시간이 그 자료에 대해 말할 기회를 제공하지 못한다면, 그것을 누군가와 토론할 시간을 계획하라.

 제11장 시험 준비

학교에서 직면하는 중요한 일은 사실들과 아이디어들을 시험에서 재생해 낼 수 있도록 기억하는 것이다. 그것은 자료를 단순히 이해하는 것으로서 충분치 않고, 필요할 때 인출할 수 있는 방식으로 기억 속에 저장해 놓아야 한다.

1. 벼락공부 대 매일 복습

시험 점수는 당신이 시험에 대비하여 준비한 것의 질을 크게 반영한다. 시험 준비는 가능하면 빨리 시작해야 하고, 수업 첫날 최종 시험을 위한 공부를 시작해야 한다. 사실상, 교과서를 일찍 받게 된다면 한층 더 빨리 시작할 수 있다. 학교에서 듣고, 집에서 복습하는 것을 매일매일 계속함에 따라 지식과 이해를 발달시키게 된다.

다음과 같은 황금의 24시간 규칙을 따라라. 시험 직전의 24시간 동안에는 시험에서 나올 만한 어떤 새로운 자료도 학습하지 말라. 시험 전날 밤의 벼락 공부는 진정한 효과가 없다. 그것은 곧잘 곤경에서 벗어날 길처럼 보이지만 벼락 공부로 학습한 자료는 오래 기억하지 못하는 법이다. 벼락 공부는 견고한 학습의 특징인 이해의 배경 및 깊이가 부족하고, 쉽게 학습한 것은 쉽게 잊게 된다. 다음 시험을 치를 때나 그 자료에 대해 토론할 때 벼락공부했던 내용을 기억할 수 없을 것이다.

두뇌가 정보를 범주들로 구조화하는 데에는 시간이 걸린다. 시험 직전에 새로운 자료를 공부하길 시도할 때 두뇌가 오랜 시간에 걸쳐 창안해 왔던 구조들을 깨뜨리거나 와해시키게 될 것이다. 이와는 대조적으로, 두뇌가 자료를 복습하고, 종합하고, 조직할 시간을 충분히 갖게 되면, 학습은 쉬워진다. 자료를 매일 끊임없이 복습하는 것은 학습 효과를 지속시킨다.

시험 전의 24시간 동안에는 벼락 공부 대신에 시험에 나올 법한 모든 자료, 즉 수업 노트, 읽기 노트, 학습 카드, 그래픽 자료, 교과서, 시험에 나올 어떤 다른 자료들을 복습해야 한다. 가능하다면, 이 모든 자료들을 앉아서 한 번에 복습하라.

복습할 때는 다음과 같은 질문들을 고려하면서 정보를 구조화하려 노력하라.

• 이 자료는 내가 공부해왔던 다른 자료와 어떻게 유사한가?
• 이 정보를 위한 적절한 범주는 무엇인가?
• 이 정보는 나의 기존의 지식 범주들 가운데 어떤 것에 들어맞

는가?

- 이것은 상세한 정보인가, 추상적인 아이디어인가?
- 이 정보를 배우는 가장 좋은 방법은 무엇인가?
- 내가 정보를 학습하는 데는 얼마나 걸릴 것인가?
- 나는 어떤 유형의 일정표를 개발해야 하는가?

이 질문들은 어떤 종류의 자료를 학습하는지와 어떤 학습 접근법이 그런 유형의 내용을 학습하는 데 적절한지를 결정하도록 돕는다. 이것은 정보학습을 한층 쉽고, 능률적이고, 효과적인 것이 되도록 만든다. 두 가지의 주요 정보 유형, 즉 세부적인 아이디어와 일반적인 아이디어를 다음에서 논의한다.

2. 세부사항 대 큰 그림

시험을 잘 치르기 위해서는 두 가지 종류의 정보 유형, 즉 그 교과목의 특수한 세부사항과 '큰 그림'(자료의 조직, 자료가 구조화된 방식, 그 내용의 전체적 의미 등)을 아는 것이 필요하다.

세부사항을 학습하기 위해, 학습카드들을 사용하라. 시험에서 나올 것 같은 그 과목의 세세한 부분들에 대해 모든 카드들을 기억하라(필요할 때마다 자주 학습 카드를 복습하고 모든 세부사항들을 기억하라. 시험에 나올 자료에 집중하라). 노트 기록을 잘 하였고, 카드 내용을 잘 알고 그 자료에 있는 일반적인 아이디어들을 진정으로 이해했다면, 시험에서 어려움을 겪지 않을 것이다. 시험을 치르면서 겪는 어려움과 불안은 전형적으로 관련된 세부사항들을 잘 기억하지 못하고 알지 못하는 사람들에게 따라오게 된다. 그들은 큰 그림을 이해할 수는 있으나 세부지식이 부족하므로 교묘한 질문에 답변할 수 없다. 그들은 애매한 문제를 풀 만한 특수 지식이 부족하기 때문에 큰 어려움을 겪게 된다.

큰 그림을 이해하려 노력할 때에, 노트들을 한 번에 읽는 것이 도움이 된다. 이러한 광범위한 이해를 획득하는 다른 방법을 아래에 기술한다.

1. 누군가에게 그 자료에 대해 말하라. 누군가에게 어떤 아이디어에 대해 말할 만큼 충분히 그것을 이해하려 노력하면 그것을 잘 알 수 있게 된다. 많은 학생들에게 이것은 큰 그림을 획득하기 위한 최선의 방법이 된다.

2. 정보를 그림이나 다이어그램처럼 당신이 볼 수 있는 구조로 조직하라. 한 가지 방법은 두 개나 세 개의 겹쳐지는 원들로 이루어진 벤 다이어그램이다([그림 11-1]을 보라). 각 원을 어떤 장소, 사람, 물건이나 아이디어를 나타내도록 사용하라.

그림 11-1 벤 다이어그램

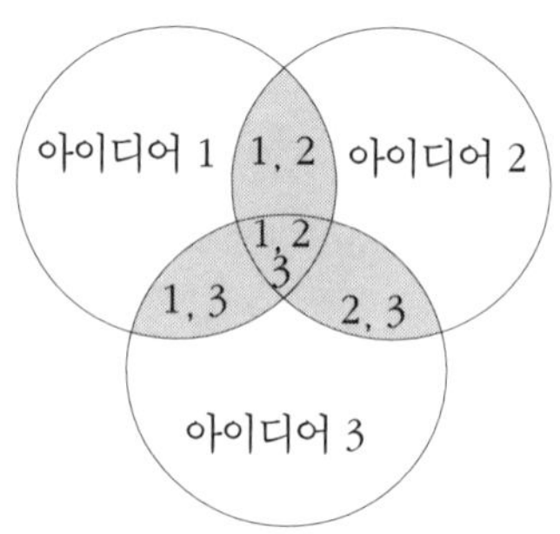

그림 11-2 나무 다이어그램

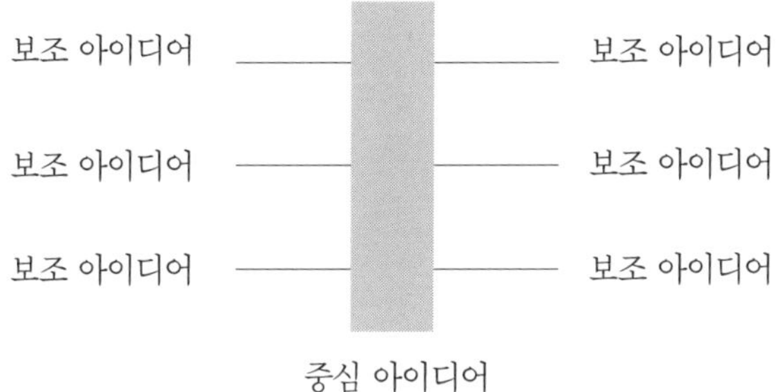

그림 11-3 위계적 다이어그램

어떤 특징이나 아이디어가 두 개나 세 개의 원과 관련되면, 그것을 그 원들이 중복되는 공간에 배치하라. 하나의 원에만 관련되는 특징이나 아이디어는 어떤 다른 원과 겹쳐지지 않은 원의 부분에 배치해야 한다. 다른 형태의 그림 다이어그램으로는 주요 아이디어는 나무 줄기가 되고 보조 아이디어는 가지가 되는 나무 다이어그램(그림 11-2)과 위계적 다이어그램(그림 11-3)이 있다.

3. 그 자료의 간결한 윤곽을 개발하라. 이것은 그 자료의 아이디어들을 생각할 수 있게 해 주고 그 내용의 전체적 조직과 구조를 이해할 수 있도록 도와준다.

3. 예비시험

시험을 준비하기 위한 또 다른 효과적인 방법은 예비 시험을 개발하는 것이다. 실제 시험 형식과 똑같은 일반적인 형태를 사용하도록 하라. 예비 시험 작성 여부와는 별도로 해야 할 일은 시험에 관한 여러 사실들을 아는 것이다. 예를 들어, 얼마나 많은 문제들이 나올 것인지, 어떤 종류의 문제들(논술형, 진위형 등)이 나올 것인지, 어떤 일반적 주제들이 다루어질 것인지, 추측해서 답변하면 벌점이 가해질지 어떨지, 얼마간의 시간이 주어질 것인지 등을 알아야 한다. 예비 시험을 작성해 보려 한다면, 이러한 사실들을 지침으로 사용하라. 선생이 이들 세부 정보들을 제공하길 싫어한다면, 정보들을 부탁하는 데 다른 학생들의 도움을 얻어라. 보통, 선생은 한 학생에게만은 이런 유형의 정보를 주려하지 않지만 전체 학생들에게는 기꺼이 그것을 준다.

질문의 내용을 결정하는 것은 매우 중요하다. 예비시험을 위한 좋은 내용의 원천은 수업 노트, 부수적인 읽기 자료의 노트, 교과서 그리고 선생이 제공한 어떤 다른 정보를 포함한다. 매일 복습하면서 질문들을 구축해 왔다면, 이것들은 예비시험을 위한 토대를 형성할 수 있다. 대부분의 선생이 작성한 시험은 수업에서 다루어진 내용의 3분의 1가량을 다룬다. 그러므로, 시험에 나올 문제들의 3배가량을 준비한다면, 그 내용을 전체적으로 훑는 데 근접할 것이다. 그 일은 작업분량이 많기 때문에 예비시험을 작성하는데 2명 이상의 다른 친구들을 가담시킬 수 있다.

시험 문제를 예상하려는 학생들은 크게 성공적일 수 있다. 친구와 함께 선생이 어떤 문제를 낼 것인지를 예측하면서 게임을 할 수 있다. 기출 문제들을 살펴보고 전에 그 수업을 들었던 사람들에게 시험이 어떠했는지를 묻는 것이 도움이 될 수 있다. 선생들은 같은 종류의 시험들을 반복해서 내는 경향이 있다. 예전의 시험을 훑어볼 때 문제들이 어떻게 진술되어 있으며, 선생이 어떤 점을 강조했는지에 주의를 기울여라.

일단 시험의 형식과 일반적인 내용에 대해 준비하면, 아주 좋은 예비시험을 작성할 수 있을 것이다. 예비시험에서 모르는 사항을 이해하도록 노력하라. 친구와 함께 시험 문제를 작성하면 서로 서두르려 노력하라. 약한 부분에 대해 많은 것을 학습하게 될 것이다. 자신의 취약한 부분을 발견할 때, 그것들을 교정하기 위한 시간이 여전히 있을 것이다.

예비시험을 작성하고 그것을 치러보는 것은 가장 효과적인 시험 준비 방법 가운데 하나이다. 그러나 그것은 가끔 지나친 행동이 될 수 있다. 문제를 예상해 보려 하는 것은 항상 유용한 일일 수 있지만 당신이 어떤 시험에 철저히 준비되어 있다는 것을 안다면, 예비시험을 마련하거나 시험을 치러볼 필요는 없다.

시험준비 연습문제

1. 황금의 24시간 규칙은 무엇인가? 그것이 왜 중요한지를 설명하라.
2. 시험을 잘 치르기 위해 알고 있어야 할 두 가지 중요한 정보 유형은 무엇인가?
3. '큰 그림'을 학습하는 최소한 세 가지 방법을 열거하라.
4. 시험을 치르기에 앞서 시험에 대한 여러 가지 세부적인 정보들을 아는 것이 왜 필요한가?
5. 그 교과목의 세부적인 내용들을 학습하는 가장 좋은 방법 중의 하나는 무엇인가?
6. 시험들은 일반적으로 세부적인 내용을 출제하는가, 아니면 큰 그림에 관련된 사항을 출제하는가?
7. 시험 치르기 전날 밤에는 무엇을 해야 하는가?
8. 예비시험을 준비하는 것이 왜 효과적인가?
9. 모든 시험에 대해 예비시험을 마련하는 것이 반드시 필요한가? 그렇다면 왜 그렇고, 그렇지 않다면, 왜 그렇지 않는가?
10. 자료 가운데 몇 퍼센트가 보통 선생이 제작한 시험에 나오는가?
11. 시험을 위한 벼락 공부가 시험을 위한 대비로 좋은가? 그렇다면 왜 그렇고, 그렇지 않다면, 왜 그렇지 않는가?
12. 시험을 치르기 위해 공부하는 동안 누군가에게 시험에 대해 말해야 하는가?
13. 학생들은 시험에 어떤 문제가 나올 것인지를 가끔 예상할 수 있는가? 그렇다면 어떻게? 그렇지 않다면 왜 그렇지 못한가?

시험준비 연습

1. 다음 구절에서 상호작용을 나타내는 벤 다이어그램을 준비하라. "모든 형태의 생물은 성장하고 변화하며, 에너지를 사용하고 재생한다. 성장과 변화는 에너지를 필요로 한다. 에너지의 사용과 생산은 차례로 생물 세포 내의 변화를 요구한다. 세포의 재생은 세포 구조 내의 에너지 사용과 세포 구조 내의 변화 둘 다를 요구한다."

2. 위에 있는 정보의 요점 조직을 위해 또 다른 방법을 사용할 수 있는가? 있다면, 설명해 보라.

3. 시험을 준비하기 위해 자신이 취할 단계적인 행동들을 제시하는 하나의 계획을 개발하라.

4. 교재들 가운데 하나에서 한 장에 대해 예비시험을 개발하라.

5. 교재들 가운데 하나에서 한 장에 있는 정보를 구조화시키도록 도울 질문들을 개발하라.

6. 시험을 치를 하나의 장에 대해 최소한 25개의 학습 카드를 만들어라. 이 카드들을 하루에 5개에서 10개 정도 가지고 다니고, 각각을 최소 다섯 번 복습하며, 매 복습 시간 사이에는 최소 한 시간 정도의 간격을 두면서 학습하라. 하루에 8번 학습하면, 일주일이 지나 그 시험을 위한 준비가 되어 있을 것이다.

7. 이 장과 당신의 경험으로부터 학습한 것을 이용하여 시험에 대비하는 법을 친구에게 가르쳐라.

시험준비 요약

1. 수업 첫날에, 혹은 책을 구할 수 있으면 더 빨리 공부를 시작하라.
2. 시험에 대하여 할 수 있는 만큼 많이 알아내라(예를 들어, 시험을 치게 되는 때, 시험 칠 때까지 남아 있는 시간, 시험에 나올 자료, 확실하게 알지 못하면서 추측해서 답하는 것에 대해 벌점이 있는지의 여부, 출제될 문제 수, 출제될 문제 유형).
3. 전 해의 시험에 대해 조사하거나 물어보라.
4. 시험에서 다룰 법한 모든 자료들, 예를 들어 수업 노트, 독서 노트, 학습 카드, 그래픽 자료, 교과서와 그 밖에도 시험에 나올 가능성이 있는 다른 자료를 복습하라.
5. 질문을 함으로써 정보를 구조화시키도록 하라.
6. 학습할 정보의 유형과 그런 유형의 내용을 학습하는 데 도움이 될 학습 접근법을 결정하라.
   - 특수한 상세 내용을 학습하기 위해, 자신의 학습 카드를 기억하라.
   - 큰 그림을 이해하기 위해 모든 노트를 한 번에 읽고, 누군가에게 그 자료에 대해 말하고, 하나의 그림이나 다이어그램 형식으로 그 정보를 조직하며, 간결한 윤곽을 개발하라.
7. 예비시험을 작성하라. 실제 시험과 같은 일반적인 형태와 내용을 사용하도록 하고, 시험에서 나올 만한 문제 수의 세 배를 준비하라.

과정을 위한 주요 규칙

1. 시간이 지남에 따라 자신이 자주 본 것을 기억한다.
2. 모든 과목에 대해 매일 약간씩 시간을 할애하라.
3. 그것은 네가 생각한 것보다 항상 나중이다.
4. 모든 일은 시간이 걸린다. 시간이 걸리지 않는 일은 아무것도 없다.
5. 모든 일은 생각한 것에 비해 두 배 더 걸린다.
6. 주별 일정표와 일일 계획표를 짜라.
7. 노트를 5일 동안 매일 복습하라.
8. 세부사항들을 학습하라. 세부사항들에 대해 충분히 학습하라.
9. 짧은 시간 단위로 공부하라.
10. 시험이 걱정되면, 예비시험을 작성하라.
11. 선생처럼 생각하라.
12. 모든 과목에 대한 지속적인 복습은 회상을 향상시킨다.
13. 높은 목표를 설정하라. 그러나 목표를 달성하는 데 도움이 될 성취 가능한 단기간의 목표들을 설정하라.

제3부

산출 기술

제12장 시험 치기

제13장 시험 불안을 피하기

제14장 시험으로부터 학습하기

제15장 논문과 보고서

제16장 구두 보고

제17장 산출로서의 수업 참여

결 론 : 성공을 위한 공식

산출 기술은 그것이 관찰되고, 평가받고, 성적이 매겨지고, 보고되기 때문에 가장 중요한 공부 기술로 자주 여겨진다. 선생은 학생이 제출한 보고서와 시험지들을 보지만 그것을 위한 공부와 준비과정을 보지는 않는다. 산출 기술은 향상될 수 있으며, 그렇게 되면 결과적으로 성적 향상도 뒤따르게 된다. 많은 학생이 열심히 공부하지만 시험을 잘 못 치르거나 보고서에서 부주의한 실수들을 한다. 이러한 문제들은 매우 쉽게 교정될 수 있다. 우리는 대부분의 학생들이 시험 치기, 글 쓰기, 구두 보고 능력을 향상시킬 수 있고, 이러한 향상은 성적에 빠르게 반영됨을 발견해 왔다. 우리가 여기에서 고려하게 될 산출 기술은 다음의 것들을 포함한다.

- 시험 치르기
- 시험 불안을 다루기
- 시험으로부터 학습하기
- 보고서와 구두 보고를 준비하기
- 수업에 참여하기

 제12장 시험 치기

학교에서 나타나는 중요 결과에 대한 측정은 대개 시험의 형태로 하게 된다. 대부분 정확하게 답할 수 있는 시험 문제의 백분율로 성적을 내게된다. 학교에서는 학년이 올라갈수록 논문 및 보고서가 점차 성적에 더 큰 비중을 차지하게 되지만 시험이 사라지는 것은 결코 아니다.

어떤 시험이라도 그것을 준비하려면 11장에서 기술한 지침을 따르라. 시험 시간이 일단 다가오면, 어떤 사람이든 잘 볼 수 없는 곳에 앉을 자리(예를 들어 강의실의 앞 구석)를 찾아라. 시험지를 받는 즉시 그것을 대충 훑어보아라. 시험지가 뒤집힌 채 있고 모든 학생들이 시험지를 받을 때까지 시작할 수 없다면, 시험지의 쪽수를 세어보라.

시작할 수 있을 때, 시험지를 사전검토하라. 어떤 유형의 문제들이 있는가? 어떤 유형의 문제가 얼마나 포함되어 있는가? 전체적으로 시험에 대한 느낌을 얻어라. 그런 다음 주의 깊게 시험 문제를 읽으라. 각 문제에 대해 답할 방법을 결정하라. 각 문제

에 대한 배점이 얼마인가를 파악하고 시간 계획을 세우면서 답을
다시 검토할 시간도 남겨놓아라. 예를 들어, 한 시간짜리 시험에
서 선다형 문제 10분, 빈칸 메우기에 10분, 진위형 문제에 10분,
논술형 문제에 20분, 답안을 검토하는 데 10분을 할애할 수 있다.

1. 삼분 선별 방법

　삼분 선별(triage)이라는 용어는 세 부분이나 범주로 나누는 것
을 말한다. 시험을 치는 경우에는 문제들을 세 개의 그룹으로 나
누는 것을 의미한다. 즉 쉽게 답할 수 있는 문제는 가능성이 높
은 것, 답할 수 있을 듯한 문제는 가능성이 보통인 것, 답을 모르
는 문제는 가능성이 낮은 것으로 분류할 수 있다. 가능성이 보통
인 문제에 체크를 하고 가능성이 낮은 문제에 대해서는 ×표시
를 하라. 시험을 치는 동안, 맨 먼저 가능성이 높은 문제들에 답
하고, 그런 다음 체크 표시를 한 문제를 풀고, 마지막에 ×표시
한 문제들로 돌아와라. 추측해서 문제에 답하는 것에 대해 벌점
이 있는지 없는지를 확실히 알아보라. 벌점이 있다면, 알아맞힐
가능성이 낮은 문제나 두 가지의 답지로 답을 좁힐 수 없을 경우
에는 답하지 말아라.
　시험을 치는 동안 줄곧 긴장을 완화시키도록 노력하라. 독창
력, 즉 모르는 문제를 푸는 데 창의적인 사고를 이용할 수 있도
록 두뇌를 계속 작동시켜야 한다. 정답임이 불확실하다면, 처음

에 추측했던 것을 바꾸지 말라. 모든 문제를 푼 뒤에는 부주의한 실수가 없는지 검토해 보라.

2. 진위형 문제

진위형 시험은 만들기도 쉽고 채점하기도 쉽다. 많은 선생들이 좋아하는 시험 유형이다. 진위형 문제들에 답하기 위한 전략들은 다음과 같다.

1. 가장 좋은, 가장 나쁜, 가장 큰, 가장 작은, 가장 많은, 가장 적은 등과 같은 최상급을 주의하라. 항상이라는 용어는 아주 적게 나온다. 결코라는 말도 아주 적게 나온다. 항상 이나 결코 라는 용어가 실제로 나올 수 있음을 기억하고 주의해라!

2. 수식어가 있는 진술을 체크하라. 수식어는 그 진술의 전체 의미를 변화시키는 단어이다. 예를 들어, 그 진술의 의미는 형용사와 부사가 제거되면 변화하는가? 수식어는 자주 정답을 고르는 열쇠가 된다.

3. 그 진술에 있는 주부와 술부를 주의 깊게 살펴보라. 주부와 술부가 연관되어 있는가?

4. 한 진술 속에서 너무 많은 것을 파악하려 하지 않도록 주의해라. 어떤 주제에 대해 더 많이 알수록, 그 주제에 대한 진술을 사실 또는 거짓으로 판별하기 어려워질 것이다. 대부분의 진술은 완전히 사실도, 완전히 거짓도 아니다. 아이러

니컬하게도, 사실과 거짓 가운데 선택하는 일은 보다 많은 지식을 가질수록 더 어려워진다. 어떤 의미에서 진위형 시험은 많이 알 때 불리해질 수 있다.

5. 각 진술이 거짓임을 증명하도록 하라. 하나의 진술이 참임을 증명하는 것보다 거짓임을 증명하는 것이 더 쉽다. 하나의 진술에 있는 모든 요소는 그 진술이 진(眞)이기 위해 모두 진이어야 한다. 어떤 진술에서 단 하나의 요소만 그르다 할지라도 그 진술은 위(僞)가 된다. 어떤 진술에서 아무런 잘못도 발견할 수 없다면, 그것을 진으로 받아들여라. 증명하려 하지는 말아라. 증명하는 일은 읽기를 통해 얻은 아주 많은 정보들을 그 진술 속에 넣어 생각하게 함으로써 진위 판별을 어렵게 할 것이다.

3. 선다형 문제

선다형 문제는 다른 유형의 문제에 비해 많은 학생들이 좋아하는 것이다. 이 문제들은 단답형 문제만큼 회상에 거의 부담을 주지 않는다. 그것들은 단지 제시된 선택지로부터 답을 선택할 것을 요구한다. 잘 설계된 선택형 문제들은 어려울 수 있다. 아주 세부적인 것들을 다룰 수 있다는 점에서, 즉 함축적인 의미, 갈등을 일으키는 정보, 적절한 결론, 그리고 그 밖의 요인들을 다루면서, 선다형 문제들은 자주 매우 유능한 학생들에게조차 도전적인 것이 된다. 선다형 문제를 잘 풀 수 있기 위해서는 관련된 세부사항들을 알고 그 정보의 의미 및 맥락을 이해해야 한다. 이런 이유와 채점하기 용이한 점 때문에, 선다형 시험은 학생들뿐 아니라 많은 선생들이 좋아하는 것이다. 대부분의 표준화된, 전국적으로 실시되는 시험들은 선다형 형식을 취하기 때문에 모든 학생들은 이런 유형의 문제에 숙달되어야 할 필요가 있다.

선다형 문제에 대한 오해

많은 학생들이 선다형 문제들에 답하는 것의 목표는 정답을 찾는 것이라고 생각한다. 이것은 사실이 아니다. 선다형 문제는 정답이 아니라 가장 좋은 답을 선택할 것을 요구한다. 모든 답은 옳을 수 있거나 틀릴 수 있다. 이들 답지들 가운데 가장 좋은 것을 선택하는 것이 요구된다. 그러므로 항상 답을 하기 전에 모든 답지를 읽어야 한다. 다른 답이 더 좋을 수 있기 때문에 첫번째로 읽은 옳은 답을 자동적으로 선택하지 말라.

많은 학생들은 선다형 문제들에서 추측할 때 일정한 답지를 선택해야 한다고 믿는다. 어떤 사람들은 세 번째 답지가 다른 답지에 비해 정답일 가능성이 높기 때문에 세 번째 것을 고르라고 제안한다. 이 충고는 그릇된 것이다. 답을 몰라 추측하게 될 때 지식에 기초한 추측을 하도록 애써라. 그 주제에 대해 조금이라도 아는 것이 있다면 답지를 줄이는 데 그 지식을 활용해라. 직감은 대체로 조금은 지식에 기초하게 된다. 그리고 그것은 어떤 답을 하는 데서 이상한 점을 없애줄 것이다. 그러나 답지들을 좁히기 위해 알고있는 모든 것을 이용했는 데도 여전히 둘 이상의 답지들 가운데 선택할 수 없다면, 확률 지식을 이용해야 한다. 선생이 출제한 시험에서는 뒤쪽에 있는 답지가 일반적으로 앞쪽의 답지에 비해 더 정답일 가능성이 많다(전국적으로 표준화된 시험은 대개 이 요인에 대해 통제를 한다). 그러므로, 선생이 제작한 시험에서 첫번째 답지와 세 번째 답지 사이에서 결정하지 못한다면 세 번째 답지를 선택하는 것이 더 낫다.

흔한 오해 가운데 또 하나의 오해는 중다/중다-혹은-K 문제들은 선다형 문제들과 같은 방식으로 작용한다고 하는 것이다. 중다/중다-혹은-K 문제는 답지들 가운데 가능한 결합들, 예를 들어, (1) (가)와 (나), (2) (나)와 (다), (3) (가)와 (다), (4) 위의 모두, (5) 정답 없음 가운데서 선택할 것을 요구한다. 이러한 유형의 문제에서는 가장 좋은 답만을 선택할 것이 아니라 정답들 모두를 선택해야만 한다. 이러한 문제들에 사용할 수 있는 적절한 전략은 각 진술을 진위형 문제로 다루는 것이다. 먼저 (가)가 거짓이라는 것을 증명하려 해라. 그것이 거짓이라는 것을 증명하지 못한다면, 그것을 참으로 받아들이고 (가)에다 표시를 하라. (나)와 (다)도 이런 방식을 따르고, 그런 다음 적절한 답지를 찾아 답을 쓰라.

4. 논술형 문제

많은 학생들은 논술형 문제들이 어렵다고 생각한다. 그러나 논술형 문제를 말하는 것에 제약을 거의 받지 않으면서 아는 것을 보여주고 증명할 수 있는 기회로 본다면, 논술 문제는 한층 쉽고, 좋아하는 문제 유형이 될 수 있다.

논술형 문제는 어떻게 채점되는가를 알면 한층 쉽고 즐길 만한 것이 될 수 있다. 많은 학생들은 논술형 문제는 많이 쓸수록 성적이 좋을 것이라고 여기기 때문에 이 유형의 문제를 싫어한다. 이것은 진실과는 거리가 멀다. 전형적으로, 선생들은 각각의 논술형 문제에 대한 답만을 미리 결정한다. 시험 문제가 제2차 세계대전의 세 가지 주요 원인을 설명하고 각각의 예를 제시할 것을 요구하면, 선생은 각 원인에 25점을 할당할 수 있다. 나머지 점수는 예를 제시하는 데 주고 예외적으로 탁월한 답변을 한 경우에는 별도의 점수를 줄 수 있다.

반드시 알아야 할 점은 선생은 논술시험에서 매우 구체적인 정보를 찾는다는 점이다. 성적은 논술에 담긴 정보량에 의해 결정된다. 논술 문제에서의 점수는 어떤 다른 유형의 문제에서의 점수에 비해 더 임의적으로 주는 것이 아니다.

논술 문제는 설교자의 방법을 따름으로써 답안 작성을 해야 한다. 논술의 첫번째 단락은 논술에 포함하게 될 것을 기록함으로써 문제에 직접적으로 답해야 한다. 문제가 제2차 세계대전의 세 가지 주 원인을 설명할 것을 요구하면, 첫번째 단락은 요약된 방식으로 이들 원인들을 열거해야 한다. 그런 다음에 각 원인에 대해 완전한 설명과 여러 개의 예를 제시하면서 최소한 하나의 단락을 할애해야 한다. 마지막으로, 답안의 결론을 하나의 단락으로 요약하여 제시해야 한다. 전쟁에 대한 다른 정보나 어떤 이질적인 정보를 포함시키지 말라.

5. 단답형 문제

　단답형 문제는 어떤 용어 정의 또는 괄호 채우기, 어떤 진술의 완성이나 구체적인 항목들의 목록 작성을 요구한다. 이 유형의 문제들은 답을 회상할 것을 요구하며 문제 그 자체 외에는 어떤 다른 정보를 제공하지 않는다. 선택할 수 있는 답지들이 있는 것도 아니며, 정답을 추측할 수도 없다.

　단답형 문제에 대해 준비를 잘 하는 것은 그 과목의 세부사항을 충분하게 학습하는 것이다. 학습 카드를 광범위하게 이용하는 것이 필수적이다. 단답형 문제들로 나올 목록들이 있다면 epynym(다른 단어를 기억하는 것을 도와주도록 설계된 하나의 단어나 단어들의 집단)과 9장에서 기술한 것과 같은 다른 회상 전략을 사용하라. 이들 문제들에 답하는 가장 좋은 전략은 가능한 빨리 먼저 가능성이 높은 문제들(정확히 답을 알고 있는)에 답하는 것이다. 가능성이 보통인 것(정확한 답을 할 가능성이 있는)은 그 다음 번에 답해야 한다. 가능성이 낮은 문제(아무런 아이디어도 갖지 못하는)는 따로 떼어놓을 수 있다.

시험 치기 연습문제

1. 삼분 선별은 무엇을 의미하는가? 그 과정에서 어떤 세 가지 유형의 문제들이 확인되는가?
2. 시험을 칠 때는 어떤 단계들을 따라야 하는가?
3. 진위형 문제에 답할 때 어떤 전략을 이용해야 하는가?
4. 선다형 시험에서 모든 답지를 읽을 필요가 있는가?
5. 선다형 시험을 잘 치르기 위해 큰 그림을 아는 것이 필요한가? 왜 그런가, 혹은 왜 그렇지 않은가?
6. 논술형 시험의 첫번째 단락에 무엇을 포함시켜야 할지를 설명하라.
7. 논술형 시험의 답안은 상세한 정보를 포함해야 하는가?
8. 진위형 시험은 아주 많은 관련 지식을 가진 학생들에게는 자주 왜 불공정한 시험이 되는가?
9. 어떤 유형의 단답형 시험 문제가 답하는 데 대체로 가장 많은 시간이 걸리는가?

시험 치기 요약

시험을 치는 목적은 당신이 아는 것을 제시하는 것이다. 시험을 치는 원리를 요약하면 아래와 같다.

1. 준비하라. 11장에서 설명한 지침을 따르라.

> 가. 수업 첫날에 공부를 시작하라.
>
> 나. 시험에 대해 할 수 있는 한 많은 것을 발견하라.
>
> 다. 이전 해에 있었던 시험에 대해 조사하거나 물어보아라.
>
> 라. 시험이 다룰 자료를 복습하라.
>
> 마. 질문을 함으로써 정보를 구조화하려 하여라.
>
> 바. 어떤 종류의 정보를 학습하려 하는지와 어떤 학습 접근이 그러한
> 내용을 학습하는 데 적절할 것인지를 결정하라.
>
> 사. 어떤 시험에 대해 걱정이 된다면, 예비시험을 작성하라.

2. 체계적인 절차를 따르라.

> 가. 시험지를 엎어둔 채 놓아두어야 한다면, 페이지 수를 세어보아라.
>
> 나. 일단 시작하게 되면 시험을 사전검토하라. 시험에 대한 전체적인
> 느낌을 가져라.
>
> 다. 시험을 시작하라. 문제의 지시사항을 주의 깊게 읽고 답할 방법을
> 결정하라.
>
> 라. 시간 계획을 세워라. 답안을 검토할 시간을 남겨두라.
>
> 마. 삼분 선별을 이용하라. 다음 순서로 문제에 답하여라.

- 가능성이 높은-쉽게 답할 수 있는 문제들
- 가능성이 보통-답할 수 있을 것 같은 문제들
- 가능성이 낮은-아무런 아이디어도 갖지 못하는 문제들

바. 부주의한 실수에 대비하여 시험을 재검토하라.

3. 특수한 문제 유형을 위한 전략을 학습하라 : 진위형, 선다형, 논술형과 단답형

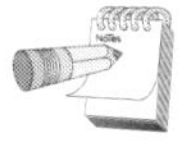 제13장 시험 불안을 피하기

많은 학생들이 시험 불안으로부터 고통을 받는다. 시험기간에 느끼는 불안 정도는 시험에서의 수행을 향상시키거나 줄일 수 있다. 적은 불안은 정신을 고양시키는 데 유용하다. 너무 많은 불안은 정신적으로 혼란을 야기해 수행을 크게 줄인다.

시험 공포증은 시험 불안과는 아주 다르며, 여기에서는 다루지 않는다. 시험 공포증은 학생이 어떤 대가를 치르고라도 시험을 치르는 상황을 피하는 심각한 정서적 문제가 있는 경우로서 장기간의 심리치료를 요한다. 시험 불안은 한층 덜 심각한 것으로서 대부분의 학생들은 언젠가 한 번쯤 혹은 몇 번 그것을 겪는다. 몇몇 학생들은 거의 모든 시험 상황에서 불안해 하는 것으로 보이는 반면, 어떤 학생들은 그러한 증후군을 거의 경험하지 않는다.

불안은 개인적 피해를 야기할 수 있는 상황을 다루는 신체적인 방법이다. 그것은 신체적 반응과 정신적 혹은 정서적 변화를 일으키는 방어 기제이다. 사람들이 걱정할 때는 아드레날린을 분비하게 되고, 많은 산소 공급을 팔과 다리로 하게 되며 전투 혹은 비행(飛行) 반응이라고 알려진 것을 경험하게 된다. 또한 물리적, 정서적으로 위험과 싸우거나 도망칠 준비를 하게 된다. 고도의 불안은 우리로 하여금 믿을 수 없을 정도의 신체적 위업을 수행하게 하지만 정신 기능을 상당히 감소시킨다. 불안이라는 공격을 받는 동안, 정상적으로 뇌에 공급되던 산소는 사지로 방출된다. 보통 때와 같은 산소 공급이 없다면, 두뇌는 그 능력을 잃는다.

불안을 피하기 위해, 불안의 원인을 알아야 하고 반응을 제대로 할 수 있도록 그 상황을 통제하는 법, 그리고 불안이 엄습할 때 해야 할 일을 이해해야 한다.

1. 불안의 원인

시험 불안은 항상 어느 정도는 개인에 의해 야기된다. 시험이 불안을 일으킬 수는 있지만, 실제로 불안의 원인은 아니다. 다른 사람들은 다른 방식으로 시험에 반응한다. 다음의 질문지는 당신이 시험 불안에 빠지기 쉬운 정도를 측정하는 데 도움이 된다. 다음 질문에 대해 '그렇다', '아니다'로 답변하라.

1. 내 손바닥은 시험을 치르기 전이나 시험을 치르는 동안 땀에 젖게 된다.
2. 나의 시야는 시험을 치르는 동안 가끔 흐려진다.
3. 시험에는 자주 내가 잘 하지 못하도록 고안된 계략적인 문제들이 나온다.

4. 나는 내가 시험에서 보여줄 수 있는 것 이상으로 자주 그 주제에 대해 더 많이 안다.

5. 시험은 많은 학습시간이 필요한 경우에도 단 한 시간만 사용하여 시험을 치르도록 요구하기 때문에 불공정하다.

6. 시험을 치르는 동안 나는 자주 내가 잘 못하면 내게 무슨 일이 일어날지에 대해 생각한다.

7. 나는 열심히 공부하지만 시험을 잘 치르지는 못한다.

당신이 이상의 질문들 가운데서 네 개 이상에 '그렇다'라고 응답한다면, 시험 불안이 문제일 수 있다. 불안 유발 요소와 그것들이 당신의 행동에 미치는 영향을 이해할 필요가 있다. 불안의 ABC는 이 과정을 설명하는 데 도움이 된다.

A는 활성화된 상황(Activating situation)이다. 불안이 일어나려면 자기자신 또는 자신이 중요하게 여기는 무엇인가가 손상당할 수 있는 상황을 만나야 한다. 시험은 확실히 활성화된 상황이다. 선택한 대학을 다닐 기회를 잃게 된다거나 어떤 프로그램이나 직업의 자격을 얻는 데 실패할 수도 있다. 시험이 한층 더 큰 해가 되는 것은 그것이 당신을 어리석다고 느끼게 하는 원인이 될 수 있기 때문이다. 그보다 더 크게 해가 되는 감정은 거의 없다.

C는 불안의 상태(Condition of anxiety)이다. 걱정하고 있을 때 사고과정은 취약하게 된다. 어떤 시험에서 당신은 사실들을 회상하고, 사고를 조직하고, 정보를 분석하고, 요약하거나 결론을 발전시킬 수 없을지 모른다. 시험을 잘 치르기 위해서는 이러한 모든 기능들이 필요하다.

A로부터 C까지 직접적으로 나아가지는 못한다. 상황 그 자체

는 불안을 일으키지 않는다. 매개하는 요인은 B인데, 이것은 그 상황의 결과에 대해 자신이 믿는 것(Believe)이다. 시험 불안을 피하기 위해서는 생각하는 것을 통제해야 한다. 얼마나 많이 아는가를 보여주고 증명할 기회로 시험을 생각한다면, 불안이 엄습해 오지는 않을 것 같다. 그러나 시험을 당신에게 실패를 안겨 줄 어떤 것으로 생각한다면, 그리고 당신의 미래에 중대하게 부정적인 영향을 미칠 것으로 생각한다면, 불안이 생길 것이다.

2. 불안을 막기

불안을 막기 위해서는 자신이 생각하는 것을 통제할 수 있어야 한다. 여러 과정이 이러한 통제를 할 수 있도록 도울 것이다.

먼저, 준비해야 한다. 어떤 것도 당신이 자료를 아는 것만큼 자신감을 불어넣어 주는 것은 없다. 아는 것은 이해하는 것과 같지 않다는 것을 기억하라. 이해가 중요하지만 시험은 세부적인 것에 관해 나오게 된다. 불안은 학생이 자료를 이해하긴 하지만 시험이 세부사항에 대해 묻는다는 것을 발견할 때 자주 발생하게 된다. 그 교과목의 세부사항을 충분히 학습함으로써 불안을 막아라. 일반적으로 학습 카드를 광범위하게 사용함으로써 세부사항을 숙달할 수 있다.

또한 시험 치르는 전략을 발달시켜야 한다. 12장에서 기술한 전략들은 시험 상황을 통제할 수 있게 해 준다. 예를 들어 시험 문제들을 답할 수 있는 가능성이 높은, 가능성이 보통인, 가능성이 낮은으로 분류함으로써 각 문제에 대해 더 잘 통제할 수 있다. 가차없이 시간 통제를 하고 자신의 시간 계획을 짜라. 시험 시간으로 정해 준 것을 넘어서서 자기 나름의 시간 계획을 발전시킬 때, 즉 얼마의 시간을 각 문제에 할애할 것인지를 결정할 때, 시간에 대한 통제는 선생으로부터 당신에게로 넘어오게 된다. 시험의 모든 요소를 통제하는 것은 불안이 엄습해 올 가능성을 줄여 준다.

시험을 통제하는 것 외에 자신의 두려움과 기대를 통제해야 한다. 성공은 그 사건이 일어나기 전에 그것을 찾고, 기대하고, 시각화하는 사람에게 온다. 시험이 어떻게 될지 앉아서 그것에 대해 생각해 보라. 시험에서 전략을 사용하여 시험을 잘 치르는 자기 모습을 시각화해 보라. 수업을 가장 잘 받고 있는 자신의 모습을 보아라. 시험 시간에 스스로 시각화한 성공을 실행해 보라. 예비시험을 치르는 것은 성공 기대를 구축하는 또 다른 방법이다. 예비시험을 잘 치르면 일반적으로 실제 시험도 잘 치를 것을 기대한다. 연습은 거의 어떤 상황에서나 불안을 극복할 수 있는 효과적인 방법이다.

자주, 행운의 부적이 또한 효과적이다. 당신이 1800년대에 제조된 동전을 갖고 있는데 그것을 지니고 있을 때 모든 것이 잘 된 것으로 보인다면, 시험에 그것을 가져가라. 행운은 열심히 일한 사람들에게 오지만 또한 행운을 갖길 기대하는 사람들에게도 온다. 어떤 것이나 그것이 행운을 가져다준다고 생각된다면, 즉 옷 조각이나 어떤 소도구를 가져가라. 기도하기, 명상하기, 주문을 외우는 것 또한 도움이 될 수 있다. 짧고 익숙한 기도문을 외우거

나 명상하면서 몇 분 동안 눈을 감고 있는 것이 집중하고 이완하
는 데 도움이 될 수 있다.

3. 불안을 경감시키기

시험을 치르는 동안 불안을 느끼면 무엇을 해야 하는가? 손바
닥이 땀에 젖고 시야는 흐릿해진다. 당신은 이를 극복할 방도가
없다고 생각하기 시작한다.

이때는 뒤로 물러서고 이완시키려 노력해야 한다. 시험의 결과
가 아니라 시험 문제에 대해 생각하라. 두뇌에 산소의 유입이 잘
되도록 깊게 숨을 쉬어라. 자신의 성공에 대한 비전을 회상하라.
가능하다면, 방을 나와 신선한 공기를 마셔라. 그런 다음 시험
장소로 돌아와 계속하라. 시간 일정을 점검하고 시험 전략에 초
점을 맞춰라. 삼분 선별 방법을 따른다면, 스스로에게 물어라.
정답을 맞힐 것이 거의 확실한 부분(삼분 선별의 처음 두 수준)에
대해 그것을 끝낼 수 있는 시간이 있다는 점을 확신하라. 확실하
게 아는 첫번째 문제에 답한 후 모르는 것들은 건너뛰어라. 꽤
자신 있다고 느끼는 문제들을 먼저 푼 다음 지나쳐 간 문제들에
돌아와라. 답에 대해 재추측을 하지 말라.

때때로 불안이 엄습할 수 있다는 것을 인식하는 것은 중요하
다. 불안이 생기면, 시험 전략과 성공하는 것에 초점을 맞춰라.
자신을 승리자로 생각하라. 그러면 승리자가 될 것이다.

시험 불안 연습문제

1. 시험 상황이 시험 불안을 야기하는가? 왜 그런가, 혹은 왜 그렇지 않은가?
2. 불안의 ABC는 무엇인가?
3. 불안의 주원인은 무엇인가?
4. 시험 불안의 증세는 무엇인가?
5. 시험 불안을 피하기 위해 취해야 할 가장 중요한 행동은 무엇인가?
6. 시험 상황에 대해 자신이 생각하는 것을 통제하기 위한 세 가지 방법을 설명해 보라.
7. 좋은 시간 계획을 갖는다는 것은 왜 중요한가?
8. 불안해지면 어떤 종류의 신체적 변화가 일어나는가?
9. 불안을 고조시키는 상황에서 행운을 가져다주는 부적은 왜 효과적인가?
10. 시험 불안을 경감시키기에 도움이 되도록 스스로 어떤 행동을 취할 수 있는가?

시험 불안 연습

1. 시험 불안을 피하기 위해 다음 시험 전과 시험을 치르는 동안 하길 기대하는 것에 대해 계획안을 개발하라.
2. 시험에서 불안해지게 된다면 취할 행동의 절차를 개발하라.
3. 알고 있는 사람 가운데 시험 불안을 가지고 있는 사람에게 불안이 생기면 그것을 어떻게 피할 수 있고 극복할 수 있는지를 설명하라.

시험 불안 요약

시험 불안은 매우 흔히 있는 일이나, 그것이 일어나지 않도록 통제할 수 있다. 불안을 피하기 위해 무엇이 불안을 야기하는지, 불안을 조장하는 상황을 통제하는 방법과 불안이 엄습해 올 때 해야 하는 일을 이해해야 한다.

1. 불안의 원인: A+B=C

   활성화시키는 상황(Activating situation)＋믿음(Believe)＝불안의 조건(Condition of anxiety)

2. 불안을 막기 여러 과정이 불안을 야기하는 사고를 통제하도록 돕는다.

> 가. 교과목의 세부사항을 충분히 학습하라.
> 나. 시험 치르는 전략을 개발하라.
> 다. 가차 없이 시간 통제를 하고 자신의 시간 계획을 만들어라.
> 라. 성공을 시각화하라.
> 마. 예비시험을 쳐라.
> 바. 행운을 가져다주는 부적, 기도, 혹은 명상을 이용하라.

3. 불안을 경감시키기

> 가. 가능하다면, 방을 떠나 신선한 공기를 마셔라. 그런 다음 시험으로 되돌아와 계속하여라.
> 나. 두뇌에 산소의 유입을 향상시키기 위해 숨을 깊게 쉬어라.

다. 자신의 성공에 대한 비전을 회상하여라.

라. 시험의 결과가 아닌 시험 문제와 시험 전략에 초점을 맞추어라.

마. 자신의 시간 계획을 점검하여라.

바. 삼분 선별 방법을 따르고 있는지를 스스로에게 물어라.

사. 가장 확실하게 통과할 수 있는 부분을 완성시킬 시간이 있다는 것
   을 자신에게 확신시켜라.

아. 확실히 아는 첫번째 문제에 답하고, 모르는 것들은 건너뛰어라

자. 상당히 자신 있다고 생각하는 문제들의 답을 작성하라.

차. 지나쳤던 문제들에 되돌아가라. 자신의 답에 대해 재추측하지 말
   아라.

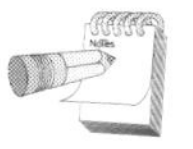 제14장 시험으로부터 학습하기

시험을 치르는 주목적은 그것으로부터 학습하는 것이다. 당신은 시험을 잘 치르길 원하지만 동시에 다음 시험에서 잘 할 수 있도록 시험치르는 것에 대해 보다 많이 가르쳐 줄 시험을 원한다. 학생들은 보통 시험이 끝나자마자 그 자료가 다시는 필요하지 않다고 믿는 것처럼 시험에 대해 잊길 원한다. 훌륭한 학생은 시험은 매우 유용한 학습 경험일 수 있다는 것을 안다. 자신의 실수를 이해하는 것은 미래의 시험에 대한 귀중한 통찰과, 통제감을 갖는 데 도움이 된다. 이러한 통제는 불안을 관리하도록 의미 있게 도울 것이다.

시험을 마친 후에 교실을 떠나는 순간, 어떤 문제가 까다로웠는지를 기록하라. 시험으로 돌아가 모든 실수를 교정하고 정확한 답을 배워라. 각 문제를 못 푼 이유와 까다로운 문제의 유형 발견을 시도하라. 당신과 당신의 학습 파트너는 정확하게 공부한 내용과 틀린 부분을 알 수 있을 것이다. 시험지들을 보관하여 다음 시험, 중간고사, 혹은 기말고사를 준비하는 데 이용하라. 선생은 같은 문제 혹은 같은 것의 변형을 자주 반복한다는 것을 기억하라. 같은 실수를 두 번 하지 않도록 하라.

선다형 문제에서 실수를 하는 세 가지 유형이 있다. 첫번째 실수 유형은 부주의한 실수이다. 시험에서 이러한 종류의 실수를 할 때는 투덜거리면서 "내가 어떻게 이렇게 어리석은 실수를 할 수 있었지?"라고 생각한다. 이런 일이 일어날 수 있는 경우는 많다. 예를 들면, 빼야 할 곳을 더하거나, 문제를 잘못 이해하거나, (3)번을 표기한다는 것이 잘못해서 (2)번에 표기하는 것 등이다. 고전적인 한 가지 예는 7번 답을 써야 할 자리에 6번 답을 쓰고, 8번 답을 써야 할 자리에 7번 답을 쓰는 식으로 한 줄씩 밀려가면서 답을 잘못 써 내려가는 경우이다. 다행히도, 이것은 대개 악몽 속에서 일어나지만 가끔은 현실 속에서도 일어나게 된다.

우리는 모두 인간이기 때문에 때때로 첫번째 유형의 실수를 한다. 대개 이러한 실수를 전적으로 제거하는 것은 거의 불가능하지만 다행히 줄일 수는 있다. 첫단계는 자신이 그런 실수를 한다는 것을 발견하는 것이다. 시험을 분석할 때, 첫번째 유형의 실수를 얼마나 하고 어떤 방식으로 하는지를 살펴보라. 시험에서 하나나 둘 이상의 실수를 한다면, 아주 많은 실수를 하는 것이며, 앞으로 그런 실수를 피하기 위해 특별한 주의를 해야 한다.

두 번째 유형의 실수는 어떤 기술이나 지식이 부족할 때 일어난다. 예를 들어 **꽃받침**을 정의하도록 요구받았는데 꽃받침이 무엇인지 정말 모르는 경우이다. 이런 유형의 실수는 그 문제에 답할 만큼 옳은 정보에 대해 충분히 공부하지 않았거나 그 정의에 대해 공부하지 않았다는 것을 가리킨다. 꽃받침이 학습 카드 중의 하나에 없었다면, 카드를 늘릴 필요가 있다. 그것이 있다면,

그러면서도 그 문제를 틀렸다면, 학습 카드를 공부하는 데 더 많은 시간을 사용해야 한다. 두 번째 유형의 실수를 많이 한다는 점을 발견하면, 학습 카드를 더 많이 만드는 것이 필요하며, 혹은 가지고 있는 학습 카드들로 정보를 늘리는 것이 필요하다. 또한 노트를 더 잘 기록하며 더 효과적으로 듣는 것이 필요할 수 있다.

자신이 놓친 문제에 대한 학습 카드를 가지고 있지 않다면, 왜 없는지를 파악하도록 하라. 정보가 어디에 언급되어 있는가? 왜 그것을 골라내지 못했는가? 그런 종류의 분석은 앞으로의 시험에서 자신의 수행을 의미 있게 향상시키도록 도울 수 있다.

세 번째 유형의 실수는 부정확한 선택에서 일어난다. 많은 사람들은 두 개의 답 가운데 갈등이 일어나는 문제에서 실수하고 틀린 답을 선택한다. 그 시험을 고안한 사람의 사고과정을 따라가는 데 실패하는 점이 주된 문제이다. 어떤 시험은 주의를 분산시키는 답지들과 사고의 흐름을 놓치게끔 계략이 들어가도록 설계된다. 선다형 문제에서 해야 할 일은 가장 좋은 답을 발견하는 것이다. 이것은 아주 어려울 수 있다. 왜냐하면, 어떤 선생에게 가장 좋은 답이 다른 사람에게 반드시 가장 좋은 답은 아니기 때문이다. 선생이 왜 하나의 답이 옳고 그와 비슷한 답은 틀리다고 하는지를 분석하라. 세 번째 유형의 실수를 분석하는 것은 선생이 생각하는 방법을 이해하는 데 도움이 된다. 그것은 또한 당신이 지닌 지식의 구체성에 대해 말해 주는 바가 있다. 때때로, 세 번째 유형의 실수는 두 번째 유형의 실수가 위장된 것이다. 그 자료를 좀더 철저하게 알았다면, 그 문제를 놓치지 않았을 것이다.

1. 시험 친 기록

시험 친 기록(그림 14-1)은 각 시험을 통해 배우기 위한 아주 효과적인 장치이다. A를 받거나 F를 받거나 모든 시험에 대한 정

그림 14-1 시험 친 기록

시험과목	문제유형	실수유형	해결책	성 적	
				시험	기술(1-10)

보를 이 표에 기록해야 한다.

지 시

1. 〔그림 14-1〕을 복사하라(복사기로든, 손으로든, 혹은 컴퓨터로 든). 그리고 시험 본 과목의 이름을 기록하라.
2. 두 번째 세로 열에, 실수한 문제의 유형을 정하라(예를 들어, 진위형, 선다형, 논술형).
3. 세 번째 열에는 실수의 유형을 기록하라. 실수의 유형은 부주의한 실수, 이해하지 못한 문제, 답을 알지 못하는 것, 문제를 간파하지 못한 것, 그리고 점수를 얻지 못한 반응을 한 어떤 다른 유형의 실수 등을 포함한다.
4. 네 번째 열에는 실수를 교정하기 위한 해결책을 기록하라. 이것은 시험으로부터 배우기 위한 중요 단계이다. 실수에 대해 아무 것도 하지 않는다면 똑같은 실수를 계속할 것이다. 앞으로의 시험에서 같은 종류의 실수를 하지 않기 위해 계획하는 바를 기록하라. 가능한 해결안은 보다 많은 학습카드를 만들고, 보다 자주 기록한 것들을 검토하고, 더 좋은 노트 기록을 하고, 모든 수업에 출석하고, 읽기 자료 과제물들을 잘 해내고, 수업에 보다 적극적으로 참여하고, 보다 많은 시간을 복습에 할애하고, 어떤 유형의 문제는 연습해 보는 것 등을 포함하는 것이다.
5. 성적 아래에는 두 가지의 분리된 세로 열이 있다. 이 세로 열의 첫번째에 시험점수를 기록하라. 두 번째 열에는, 시험치기 전략을 얼마나 잘 따랐는지 1부터 10까지의 점수를 주

어라. 자신의 시험 전략을 다섯 단계로 나누고 각각에 0부터 2까지의 점수를 주게 되면, 10점이 만점이 된다. 예를 들어, 시험을 사전검토해서 각 문제 유형에 따른 문제 수를 결정했다면 그 전략 부분에 대해 2점을 얻게 된다. 지시사항을 잘 읽고 그것을 주의 깊게 따랐다면 2점을 더 얻게 된다. 시간 계획을 세우고 그것을 지켰다면 다시 2점을 얻게 된다. 삼분 선별 방법을 따랐다면 2점을 또 얻는다. 그리고 시험을 재검토했다면 마지막 2점을 또 얻는 것이 가능하다.

각 시험에서 얼마나 잘 하는지 계속 기록하고, 이 기록을 활용하라. 시험에서의 실수에 대해 해결책을 기록함으로써 더 좋은 학생이 될 것이다. 자신이 실수한 문제 유형을 살펴봄으로써 같은 유형의 문제를 계속 실수하는지 어떤지를 알 수 있다. 만약 같은 유형의 문제에 계속 실수했다면 그 유형에 관해 연습하고 공부할 수 있다.

자신이 시험을 어떻게 치르는지를 계속 기록해 두는 것은 수험자로서, 그리고 학생으로서의 당신을 향상시켜 준다. 그것은 앞으로의 공부에서 더욱 노력할 필요가 있는 것을 결정하는 데 중요한 도움이 될 수 있다.

시험으로부터 학습 연습문제

1. 각각의 시험이 학습경험이 되는 중요한 이유를 세 가지 제시하라.
2. 시험에서 범할 수 있는 세 가지 주요 실수 유형을 설명하라.
3. 자신의 실수를 교정하기 위한 해결책에 도달하는 것은 왜 중요한가?
4. 여러 가지 다른 시험들을 치르면서 시험 친 기록을 이용할 때 그 기록으로부터 무엇을 배울 수 있는가?

시험으로부터 학습 연습

시험 친 기록의 복사본을 만들고 최소한 다섯 차례의 시험에 대해 그 기록을 완성시켜라. 다섯 번째 시험 후에 그 기록을 지닌 것이 시험 치는 기술을 향상시키는 데 얼마나 도움이 됐는지를 생각해 보라.

시험으로부터 학습 요약

시험을 치르는 주목적은 시험으로부터 학습하는 것이다. 자신의 실수를 이해하는 것은 앞으로의 시험에 대한 중요한 통찰을 준다.

1. 시험을 마친 직후 어떤 문제가 까다로웠는지를 기록하라.
2. 시험에서의 모든 실수들을 교정하고 교정된 답을 학습하라.
3. 각 시험지를 보관하고 그것을 미래에 참조하는 데 활용하라.
4. 실수한 것이 무엇인지, 왜 실수했는지, 그리고 어떤 종류의 문제가 어려웠는지를 알아내라. 서로 다른 유형의 실수를 구별하라.

   가. 제1유형의 실수-부주의한 실수
   나. 제2유형의 실수-지식이나 기술 부족
   다. 제3유형의 실수-부정확한 선택

5. 시험 친 기록을 활용하라.

 # 제15장 논문과 보고서

쓰기를 할 때, 우리가 앞서 언급한 설교자의 방법을 사용하라. 설교자의 방법은 '당신이 말하려 하는 바를 독자에게 말하고, 그런 다음 그들에게 상세하게 말하고, 그런 다음에 당신이 그들에게 말했던 것을 그들에게 말하여라' 였다.

1. 쓰기 과정

논문의 문장은 가능한 한 명료한 진술로 시작하라. 만일 조지 워싱톤이 미국이라는 국가의 아버지였던 것에 대해 작문하려 한다면, 다음과 같은 진술 즉 "조지 워싱턴은 여러 방식으로 국가의 아버지였다"라고 시작하는 것은 괜찮은 아이디어이다. "어둡고 폭풍우 치는 날이었는데 조지는 체리 과수원 밖으로 걸었고,

그의 아버지는 질문을 하면서 그의 오른편 미간을 살짝 쳤다"와
같은 두서없는 도입은 피하라. 전자의 문장으로 논문 진술을 하게
되면 정말로 말하려 하는 바에 대한 아무런 오해가 없을 것이다.

기억해야 할 가장 중요한 사항은 시간이 보고서를 쓰는 데 있
어서 가장 좋은 친구라는 점이다. 가능하면 빨리 시작하도록 하
라. 선생이 쓰기 과제를 주는 순간부터 자신이 쓰길 원하는 것에

그림 15-1 설교자의 샌드위치 : 쓰기 준비

주제:

제목:

주제문:

    소주제 A

    소주제 B

    소주제 C

본론

A

B

C

결론:

    1

    2

    3

결말 문장:

대한 사고를 시작하라. 전형적으로 학생들은 결말을 짓기에는 너무 광범위한 주제를 설정하는 경향이 있는데 주제를 좁히도록 하라. 그런 다음 윤곽을 잡도록 노력하라. 우리는 하나의 윤곽을 마련하기 위해 '설교자의 샌드위치' 모형(그림 15-1)과 다섯 단락의 보고서 윤곽 형식(그림 15-2)을 포함시킨다. 이것들은 보고서를 조직하여 쓰기를 시작할 수 있도록 도울 것이다.

엉성한 것이라 할지라도 가능하면 빨리 초안을 쓰라. 아무리 엉기성기한 초안이라 할지라도 그것은 편집하고, 교정하고, 확장시킬 무엇인가를 줄 것이다. 가능하다면, 컴퓨터로 초안을 작성하고 맞춤법 검사기를 작동시켜라. 또한 이 초안을 누군가에게 교정보게 하라. 누구든지 자신의 실수를 찾는 것은 어려운 일이다.

그림 15-2 다섯 단락의 논문 : 윤곽 형식

이 형식을 복사하고(손으로든 복사기로든) 논문 계획에 그것을 활용하라. 이 형식으로 완성된 문장을 쓰는 것에 대해 걱정하지 말라. 선생이나 다른 조언자와 논문 계획에 대해 협의할 기회를 갖는다면, 이 형식을 논문을 쓰기 시작하기 전에 함께 채우도록 하라. 모든 논문이 이 윤곽을 완벽하게 따라야 할 필요는 없다는 점을 염두에 두라. 이것을 일종의 지침이나 유용한 도구로 이용할 뿐 여기에 제한받을 필요는 없다. 여기에 제시된 것은 논문의 골격이지 그 이상의 것은 아니다.

I. 서 론
 a) 서문:

____

 b) 주제 설정(동기 유발자):

____

c) 주제로 인도(전환):

____

d) 주제문(중심 아이디어):

____

II. 첫째 단락

a) 중심 아이디어(주제문—주제를 지지한다):

____

b) 첫번째 예:

____

c) 두 번째 예:

____

d) 세 번째 예:

____

요약(결정적 논변):

____

III. 둘째 단락

a) 중심 아이디어(주제문—주제를 지지한다):

____

b) 첫번째 예:

____

c) 두 번째 예:

____

d) 세 번째 예:

____

e) 요약(결정적 논변):

____

IV. 셋째 단락

 a) 중심 아이디어(주제문—주제를 지지한다):

———————————————————————————————————

 b) 첫번째 예:

———————————————————————————————————

 c) 두 번째 예:

———————————————————————————————————

 d) 세 번째 예:

———————————————————————————————————

 e) 요약(결정적 논변):

———————————————————————————————————

V. 결 론

 a) 주제의 재 진술:

———————————————————————————————————

 b) 요약:

———————————————————————————————————

 c) 평가(두 문장):

———————————————————————————————————

 d) 결어문:

———————————————————————————————————

 다음 번 논문 초안을 보다 원활하고 더 전문적인 수준으로 작성하라. 그것을 편집하고 재정리한 뒤 다른 사람의 눈을 통해 도움을 받아라. 전문적인 수준의 논문 작성에서 네 번, 다섯 번의 수정은 결코 많은 것이 아니다. 이것은 손으로하는 필기보다 컴퓨터로 작성하는 것이 한결 쉽다.

2. 12가지 오류

우리가 12가지 오류라 부르는 것을 확실히 피하라. 학생들의 쓰기에서 나타나는 12가지의 가장 흔한 실수는 다음과 같다.

1. 단정치 못함이나 추함 자신의 논문을 전문적이고 매력적인 것으로 보이게 하라. 워드 프로세싱으로 깨끗한 종이에 그것을 쓰는 것은 쉬운 일이다. 대부분의 선생들은 외견상 가장 좋아 보이는 논문들에 가장 좋은 점수를 주는 경향이 있다.

2. 읽을 수 없는 낱말과 구절 선생이 논문의 모든 글을 읽을 수 있도록 손으로 쓴 것을 깨끗하게 만들거나 컴퓨터를 사용하라.

3. 형식의 오류 선택할 수 있는 많은 논문 형식들이 있는데 학생들은 자주 좋지 않은 것들을 따른다. 선생이 원하는 형식이 무엇인지를 알아내라. 대부분의 선생들은 선호하는 것이 있는데 그것을 주의 깊게 따르도록 하라.

4. 맞춤법 오류 최종안에서는 어떤 맞춤법 오류도 있어서는 안 된다. 맞춤법 점검기나 교정해 주는 사람을 활용하라.

5. 문법상의 오류 좋은 문법 실력을 가지고 교정해 줄 수 있는 사람을 찾아라. 컴퓨터의 문법점검 프로그램 또한 첫번째 점검에 도움이 될 수 있다.

6. 구두점이나 대문자 사용상의 오류 능숙한 교정자가 이러한 오류들을 피하도록 도울 수 있다.

7. **불완전한 문장** 논문이 완전하지 않은 문장을 포함하지 않도록 하라. 학업상의 쓰기에서는 완전한 문장만이 수용될 수 있다.

8. **너무 긴 문장** 어떤 문장도 지나치게 길어지지 않도록 하라. 하나의 문장이 12단어 이상이 된다면 일단 주의해라.

9. **조직상의 오류** 내용 조직에서 실수하지 않도록 윤곽을 활용하라.

10. **논리의 오류** 자신이 정말 굉장하다고 생각하는 어떤 것에 대해 쓰고 있다면 스스로를 경계하라. 논리의 오류는 글쓴이가 그의 마음에 아주 드는 주제에 대해 쓸 때 일어나는 경향이 있다. 냉담한 선생의 엄격한 논리적 분석을 버텨 내지 못할 어떤 것을 말할 가능성이 높다. 자신의 논리를 주의 깊게 살피고 교정해 주는 사람과 그것을 체크해 보아라.

11. **사실의 오류** 사실적 오류는 어디에나 편재해 있고 피하기가 매우 어렵다. 우리 모두는 실제로는 알지 못하는 사실들을 안다고 생각한다. 모든 사실을 점검하고 교정자에게도 이를 부탁하라.

12. **과장된 표현** 과장된 주장을 하지 말라. 작게 사고하라. 어떤 점에 대해 주장을 적게 할수록, 그것을 방어하기가 더 용이해진다. 일반적으로 자신의 요점과 결론은 삼가면서 말하는 것이 더 좋다. 극단적인 진술도 피하라.

위의 12가지 오류들은 학생들의 쓰기에 해를 끼치는 요인들이다. 이것들을 피할 수 있고, 제때에 논문을 작성할 수 있으면, 좋

은 점수를 받을 수 있을 것이다. 재차 강조하는 점은 일찍 시작
하여 기한을 넘기지 않도록 하는 것이다. 가능하면 조금쯤 기한
을 앞당겨 마쳐라. 선생들은 논문을 일찍 제출하면 친절하게 성
적을 매기는 경향이 있고 그 논문들은 자주 좋은 점수를 받게 된
다. 그러나 기한 전에 논문을 제출하느라 논문의 질을 떨어뜨리
지는 말라.

제16장 구두 보고

학생들은 자주 수업에서 구두 보고를 하도록 요구받는다. 구두 보고 점수는 자료의 질과 발표의 질에 따른 결과이다. 모든 다른 결과물들처럼 구두 발표는 수행과 관련된 것이며, 수행은 적합한 기술들을 준비하고, 연습하고, 실행할 것을 요구한다. 구두 보고를 잘 하기 위해서는 일찍 시작하고, 철저히 준비하고 수행을 연습하고, 집단 앞에서 말하는 데 필요한 기술을 획득할 필요가 있다.

1. 준 비

구두 보고를 준비하기 위해서는 일찍 시작하는 것이 매우 중요하다. 가능한 한 빨리 시작하면 오랜 시간에 걸쳐 정보를 다룰 수 있게 된다. 이러한 정신적 부화기는 그 자료를 효과적으로 소화하고 조직하는 데 필요한 충분한 시간을 두뇌에 준다.

준비하는 데 있어서 첫번째 단계는 하나의 주제를 선정하는 것이다. 아주 좁은 주제를 선정하도록 노력하라. 이미 언급한 바 있듯이 많은 학생들이 너무나 광범위한 주제들을 선정한다. 광범위한 주제는 잘 다루기가 매우 어렵고, 아이디어들을 살짝 스칠 수만 있게 한다. 이와는 대조적으로 좁은 주제는 보다 완전하게 다루는 것을 허용한다. 이것은 보다 강력하고 보다 초점을 맞춘 주장을 할 수 있게 해 주며 발표에 생기를 불러일으키도록 흥미 있는 세부사항을 다룰 수 있게 해 준다.

주제를 좁힘에 따라 발표를 발전시킬 자원들을 발견해야 한다. 구두 보고를 준비하는 데 이용할 참고목록을 수집하라. 먼저 저자의 성을 가지고 목록을 정리한 다음, 그것들을 알파벳순으로 만들고 번호를 붙여라. 발표를 준비할 때 이러한 방식으로 하면, 저자의 이름이나 책명이나 다른 방식으로 인용 자료를 사용하는 것 대신에 번호로 참고문헌을 인용할 수 있다.

주제를 선정하고, 참고문헌을 확인하고, 참고문헌 목록을 작성한 후에 보고를 위한 정보 수집을 시작할 수 있다. 각각의 정보 조각을 다른 것들과 분리시키는 것이 현명하다. 각 아이디어 다음에 공간을 할애함으로써 이것을 할 수 있다. 모든 정보가 수집된 후에는 종이에서 각 아이디어를 잘라내어 아이디어가 하나씩 담긴 많은 작은 종이 조각들을 만들어라. 그러면 전체 발표를 구성하기 위한 아이디어들을 조직하는 것이 가능해진다. 각 참고문헌으로부터 모든 아이디어들을 한데 모으면, 아이디어들을 의미 있는 전체로 통합시키는 것은 거의 불가능할 것이다. 하나의 보고서를 조직할 때 전체 문헌들이 아니라 아이디어들을 조직한다는 것을 기억해라. 각 아이디어가 각 종이 조각에 있을 때 그것들을 쉽게 배열하고, 재배열할 수 있다.

보고서를 개발하는 다음 단계는 문장들의 윤곽이나 핵심어를 창안하는 것이다. 윤곽은 아이디어들이 조직된 구조를 이루며, 구두 발표를 하기 위한 안내를 하게 된다. 자주 학생들은 $8\frac{1}{2} \times 11$인치 종이로부터 3×5인치 색인 카드에다가 윤곽을 옮겨 정리한다. 색인 카드는 발표가 이루어질 때 그것을 보는 사람의 주의를 한층 덜 분산시킨다. 그것은 또한 공부한 장소에서 떨어져 있을 때의 발표 연습을 더 용이하게 해 준다.

구두 보고는 읽을 것이 아니고 제시하는 것이기 때문에 그것을 쓰는 것이 반드시 필요한 일은 아니다(물론 선생이 글로 쓴 보고서도 제출할 것을 요구하면, 그것을 써야 한다). 구두 보고서를 쓸 때 한 가지 문제는 학생들이 문장들을 하나하나 읽는다는 점이다. 강조 국면에서 멈추고, 실제 발표에서 조금 즉흥적으로 말할 수 있는 것이 더 좋다. 이것은 발표를 더 생생하고 청중이 흥미를 느끼게 해 준다.

2. 연 습

연습은 좋은 발표를 할 수 있게 해 주는 열쇠이다. 연습을 하는 한 가지 방법은 거울 앞에서 발표하는 자신의 모습을 주시하는 것이다. 이것은 발표가 어떻게 이루어지는지를 보고 즉각적인 피드백을 제공받을 수 있게 해 준다. 거울에 비친 자신의 모습을 바라볼 때, 다른 사람들이 당신을 보는 것처럼 스스로를 볼 수 있다. 즉 다른 사람이 발표하는 것을 보는 것처럼 당신은 스스로의 발표에 대해 철저하고 객관적으로 비평할 수 있다. 같은 이유로, 녹음기에다가 연습한 것을 녹음할 수도 있어야 한다. 테이프로 듣는 자신의 목소리는 보통으로 들리는 것과는 매우 다르게 들린다. 그것은 대개 다른 사람의 목소리처럼 들리고(당신 스스로도 이상하게 들린다고 생각할 수 있다), 보다 객관적인 평가를 할 수 있도록 해 준다.

녹음기는 또한 한층 더 중요한 목적을 갖는다. 연습할 때 당신은 발표에 변화를 주거나 전화를 받기 위해 혹은 어떤 다른 방해로 인해 녹음기를 끌 수 있다. 녹음기로 연습하면 발표하는 시간을 정확히 지킬 수 있다. 선생이 정해준 시간에 따라 발표 길이를 조정할 수 있다. TV 카메라를 의식하지 않는 것이 더 어렵긴 하지만 비디오 테이프는 오디오 테이프에 비해 한층 더 좋다. 비디오 녹화는 우리들 중에서 가장 잘 하는 사람을 골라내기도 하는 훌륭한 편집도구이다.

어떤 다른 학업 관련 작업처럼 구두 보고도 주의 깊게 편집하는 것이 필요하다. 친구 앞에서 구두 보고를 연습하고 그 친구가 비판적이 되도록 격려하라. 친구는 그 보고가 의미가 있는지, 그것이 지루하지는 않은지, 혹은 발표의 어떤 부분이 개선되어야 하는지를 말해 줄 수 있다. 훌륭한 보고는 발표자 외의 누군가에 의해 철저히 비평받은 것이다.

발표하는 것을 더 이상 기다릴 수 없을 때까지 구두 보고를 연습하고 더욱 세련되게 하라. 당신이 첫번째 발표하는 사람이 되길 원할 때 스스로 준비되어 있음을 안다. 당신이 정말로 보고하길 원할 때까지 연습한다면 전체 발표는 질적으로 달라질 것이다. 수행은 매우 향상되고 무대 공포증은 현저하게 사라진다. 무대 공포증은 시험 불안과도 흡사하다. 당신의 마음이 혹 잘 발표하지 못해서 우스꽝스럽게 되어 버릴 수 있는 모습이 아니라 당당하게 발표에 줄곧 머물러 있게 되면, 무대 공포는 통제할 수 있게 된다.

당신이 발표를 원하면 행동은 보다 자연스럽게 된다. 사람들 앞에서 발표를 할 때 손을 어디에 두어야 할지 걱정하는 것은 심각한 문제일 수 있다. 손을 등뒤로 감추어야 할지, 옆에 놔두어야 할지, 혹은 몸 앞에 포개어야 할지에 대해 걱정할 수 있다. 그러나 당신이 구두 보고를 하길 진정으로 원하면 손도 발표의 일부가 된다. 제스처는 자연스러워지고 자동적인 것이 된다. 몸 전체는 발표 속으로 흘러 들어가 당신은 손이 스스로를 살피고 있음을 갑자기 발견하게 된다.

3. 발 표

구두 발표를 드디어 하게 되었을 때는 단정히 옷을 차려입고 가장 좋은 모습을 보여주어야 한다. 당신이 멋있게 보이게 되면 당신 스스로를 보는 것에도 영향을 미칠 것이다. 좋은 모습으로 보이도록 하라. 그러나 지나친 옷차림새는 피하라. 일반적인 지침을 제시해 보면 옷이 말하려고 하는 바나 그 보고의 전체적인 효과로부터 청중의 주의를 분산시켜서는 안 된다는 것이다. 하나의 규칙을 제시하자면 평상시에 비해 조금 나은 옷차림을 하라는 것이다.

발표를 할 시간이 되면, 집단의 주의를 모음으로써 시작하라. 청중들이 그 보고의 주제에 흥미가 적거나 없는 일은 매우 흔하다. 그들의 흥미를 끄는 것은 당신 책임이다. 흥미를 끄는 한 가지 방법은 농담하는 것이다. 농담이 발표 주제에 관련되어야 한다는 것을 명심하라. 집단 앞에서 농담하는 것은 친구들에게 농담하는 것과는 매우 다르다. 아무도 웃지 않는다면 당신의 발표는 극복하기가 매우 어려운 나쁜 출발이 될 것이다. 그러나 농담이 재미있고 발표 주제에 관련된 것이라면 그리고 집단 앞에서 그것을 재미있는 것으로 만들 수 있다면, 흥미를 얻는 데 매우 효과적이 될 수 있다.

주의를 끌 수 있는 또 다른 방법은 흥미 있는 인용으로 시작하는 것이다. 논쟁적이거나 위험을 알리거나 정서적 반응을 야기하는 인용은 주의를 끌 것이다. 다시 말해서, 인용은 구두 발표의 주제에 관련되어야 한다. 그것은 좋은 인상을 주어야 하며, 집단의 누군가를 화나게 하는 것이어서는 안 된다. 성경이나 다른 종교서적으로부터의 적절한 인용은 대개 주의를 끌 것이다. 우리 문화는 사람들에게 종교서적을 읽을 때는 주의를 기울여야 한다는 느낌을 불어넣어 왔다.

또한 수사학적 질문을 함으로써 청중의 주의를 끌 수 있다. 아무도 대답할 것을 기대하지는 않지만 사람들이 생각하게끔 하는 질문, 즉 "진실은 무엇인가?"와 같은 질문이 그러한 질문이다.

그 질문을 통해 청중이 당신의 사고의 경로를 따르기 시작하도록 만들어야 한다. 청중이 당신이 말하는 것에 대해 생각하고 있다면, 발표를 계속하는 데 필요한 주의를 획득한 것이다.

주의를 끌 수 있는 또 다른 방법은 침묵을 이용하는 것이다. 10초 동안 청중을 바라본 채 서 있어라. 집단의 구성원은 당신이 말해야 할 바를 잊었다고 생각하면서 재촉하기 시작할 것이다. 당신이 15초 동안 아무 것도 말하지 않는다면, 반 친구들은 좌석의 가장자리에 앉아서 걱정스럽게 침묵을 깰 만한 어떤 것을 기다릴 것이다. 이러한 일은 커다란 용기를 필요로 하며, 발표하기 전 그 방법에 대해 선생에게 말할 필요가 있다. 그렇지 않으면, 침묵은 집단뿐 아니라 선생도 혼란시키기 때문에 선생이 간섭할지도 모른다.

반 학생들의 주의를 끈 후에, 의사소통에 대한 설교자의 방법을 사용하라.

- 먼저, 말하려 하는 바를 그들에게 말하라. 구두 발표시에 명료하고도 간결한 도입을 제공하라. 발표에서 할 요지를 말하라.
- 둘째로, 그들에게 말하라. 이 시점에서 당신은 상세하게 전체적인 발표를 해야 한다.
- 마지막으로, 그들에게 말했던 것을 그들에게 말하라. 적절한 맺음과 함께 발표를 잘 요약하는 것은 구두 보고의 마지막 요소이다.

주의를 획득하는 것이 중요한데, 세부적인 것을 발표할 때에도 청중이 주의를 기울이게 해야 한다. 좋은 성적을 얻게 되는 발표는 지루한 것이 아니다. 진정으로 발표하길 원하면 청중의 주의를 얻는 것이 더 쉽다. 당신이 열의가 있으면 청중은 주의를 집중시키고 유지할 것이다. 청중의 주의를 얻는 또 다른 방법은 발표하는 동안 목소리의 높낮이를 조절하는 것이다. 단일한 음조로 말하면 청중들은 주의를 기울이지 않는다. 목소리와 말의 패턴은 음조, 속도, 크기, 그리고 강도에 있어서의 변화가 있어야 한다. 어떤 단일한 말의 패턴도 보고서 모든 부분에 적합하지는 않다. 당신이 이용할 수 있는 말의 한 가지 변화는 무대 속삭임이다. 이것은 매우 효과적으로 주의를 끄는 것으로서 청취자는 외침보다는 속삭임에 더 많은 주의를 기울인다.

발표가 성공적이기 위해서 당신은 인상적인 끝맺음을 또한 가져야 한다. 당신이 말하는 처음 것과 나중 것은 가장 자주 회상되는 두 가지 아이디어이다. 주의를 끄는 도입과 더불어 기억할 만하게 종결하면 탁월한 보고로 보이면서 발표의 대미를 장식할 것이다. 유머로 발표를 시작했다면 유머로 끝을 맺는 것도 중요하다. 마찬가지로 인용이나 수사학적 질문으로 시작했다면 똑같은 기법으로 종결짓는 것도 좋은 효과가 있다(물론, 발표가 침묵으로 시작했다면, 침묵으로 보고를 끝낼 수는 없다. 어떤 다른 방식의 종결을 해야 한다).

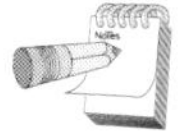 제17장 산출로서의 수업 참여

  대부분의 성적은 시험 점수, 과제물, 구두 보고를 고려하는데 이것은 여러 형태의 조합으로 이용될 수 있다. 그 밖에도 수업 참여를 대부분의 선생들은 의식적으로나 무의식적으로 성적에 포함시킨다. 선생이 학생의 성적을 매길 때 학생이 수업에 어떻게 참여했는가를 무시하기는 어렵다. 결과로서의 수업 참여는 수업에서의 토론에 관련된 것 이상이다. 당신이 정각에 수업에 들어와 수업받을 준비를 하고 그 곳에 있길 원하는 것처럼 보이는 것은 중요하다. 당신이 물리적으로 그 곳에 있을 수 있을 때마다 수업에 참석하라. 수업 참여는 또한 듣기, 노트 정리, 수업 자세 및 신체 언어, 선생과의 눈 마주침, 시간에 맞춰 요구되는 과제를 완성하는 것을 포함한다.

1. 듣 기

대개 선생들은 적극적으로 들으면서 전체 수업에 잘 따라오는 학생들을 예리하게 의식하고 있다. 선생들은 이와 똑같이 몸은 수업에 들어와 있지만 정신은 다른 데 가 있는 학생들을 알아차린다. 듣기는 공부를 잘하기 위해 필요한 정보를 획득하는 방법만이 아니라 선생의 가르침과 그 과목 자체에 흥미가 있음을 보여 주는 방법이다. 대부분의 선생들은 그들이 가르치는 자료에 흥미가 많다. 선생이 흥미 있어 하는 것에 진정한 흥미를 보여 주는 학생에 대해 선생들은 일반적으로 훌륭한 학생으로 생각한다.

2. 노트 정리

선생들은 또한 노트 정리하는 학생들을 의식한다. 선생들은 대체로 그들 자신이 훌륭한 학생들이며, 듣기와 노트 정리가 효과적인 공부의 주요소라는 점을 이해한다. 규칙적으로 열심히 노트 정리하는 학생을 관찰할 때, 선생은 그 학생을 공부를 잘 하고 싶어하는 학생으로 인지한다. 다시 말하면, 그 학생은 선생이 "이 학생은 훌륭한 학생이다"라고 생각하도록 선생의 마음 속에 씨를 뿌리는 것이다.

3. 신체 언어

강의실에서, 신체 언어는 말 보다 더 크게 말하는 것이 된다. 신체 언어는 태도와, 흥미, 의도를 어떤 말의 표현보다도 더 잘 나타내는 것이다. 늦게 오거나, 단정치 못하게 앉거나, 지루해 보이거나, 창 밖을 응시하거나, 그 과목에 아무런 흥미도 갖지 않는 것으로 보이는 학생은 대부분의 선생에게 실력 없는 학생으로 보이게 된다. 이와는 대조적으로, 정각에 도착하고, 관심을 보이고, 선생 쪽으로 몸을 기울이고, 노트 정리할 종이와 연필을 지니고, 책상에 똑바로 앉아 선생과 눈 마주침을 유지하고 있으면 당신은 훌륭한 학생으로 보여진다. 그 수업이 훌륭했다고 아무리 많은 말을 선생에게 한들 당신이 수업 시간에 형편없는 신체 언어를 보였다면 그것을 보상하지는 못할 것이다. 선생들은 수업 후에 모든 종류의 찬사를 듣는 것보다도 수업 중에 학생들이 성공적으로 수행하는 것을 보고 싶어 할 것이다. 당신의 형편 없는 신체 언어가 말과 일치하지 않으면 수업에 충실하다고 선생이 생각하게 만드는 일은 거의 불가능하다.

4. 눈 마주침

　훌륭한 학생은 선생과 눈 마주침을 유지한다. 적절한 눈 마주침은 사람이 다른 사람과 할 수 있는 가장 좋은 형태의 긍정적 의사소통 가운데 하나이다. 이것은 특히 교실에서 진실이 된다. 선생들은 눈 마주침을 유지하는 학생들을 가르친다. 어떤 의미에서 당신의 눈은 당신을 드러낸다. 선생들은 자주 눈을 보고서 당신이 무슨 생각을 하는지 알 수 있다. 어떤 학생의 눈이 멍한 표정을 지으면, 그 학생은 수업에 열중하지 않는 것으로 보인다. 학생의 눈이 흥미, 이해, 존중을 보이면, 그 학생은 지적이고 열중한 것으로 보인다. 수업이 진행됨에 따라 선생이 당신의 눈을 확실히 보게 하라. 눈이 빛나는 것을 볼 때, 선생은 당신이 그 자료를 이해했음을 알아차린다. 눈은 이해하거나 학습했을 때만 밝게 빛난다. 이것은 속일 수 없다.

　선생이 할 일은 학생들이 학습하고 이해하도록 돕는 일이다. 학생으로서 할 일은 학습하고 이해하는 일이다. 선생이 당신의 눈이 빛나는 것을 볼 때, 그는 자신이 훌륭한 일을 했다는 것을 안다. 선생은 자신과 당신에 대해 좋게 느낄 것이다.

5. 과제물을 빨리 완수하기

훌륭한 학생은 과제물을 마감 기한이 되기 전에 끝낸다. 일찍 과제물을 종료하는 것 이상으로 선생에게 인상적으로 보이는 행동은 별로 없다. 선생들은 모든 과제물에 점수를 주어야 하고, 점수를 매기는 것에 대한 시간 압박은 마감 기한이 됐을 때 나타난다. 과제물을 연기하여 마지막 순간에 제출하는 학생은 선생으로 하여금 급히 서두르게 만든다. 과제물을 일찍 끝내는 학생은 훌륭한 학생으로 보이며 더 좋은 성적을 받을 가능성이 있다.

6. 자신을 훌륭한 학생으로 설정하기

선생이 당신을 어떻게 생각하는지에 대해 왜 신경 써야 하는가? 일반적으로 선생들은 '훌륭한 학생'에게 나쁜 성적을 주지는 않는다. '훌륭한 학생'이 잘 수행하지 못하면, 선생은 학생에 대한 그의 기대가 어긋나게 된 원인에 대해 궁금해 할 것이다. 이 때, 선생은 그 학생이 아픈지, 혹은 이러한 기대 밖의 일이 일어나게 된 어떤 다른 원인이 있지는 않은지 알아보려 할 것이다. 그 상황은 선생이 어떤 학생을 형편없이 수행하는 학생이라고 생각하거나 그 학생에 대해 어떤 느낌을 갖고 있지 않는 경우라면 아주 달라진다. 그 학생이 평소에 형편없이 수행하는 학생이라면 선생이 궁금해할 이유가 없다. 수업 참여를 잘하거나 잘못하는 것은 그 학생에 대한 인상을 설정하게 만드는 일이다. 선생들은 대부분의 학생들이 느끼는 것 이상으로 수업 참여의 요소들에 주목한다.

산출로서의 수업 참여 연습문제

1. 수업에 참석하려는 의도가 왜 훌륭한 수업 참여의 첫번째 단계인가?
2. 수업에서 많은 것을 얻으려 한다면, 당신에게 가장 중요한 태도는 무엇이라고 여기는가?
3. 자신이 적극적인 수업 참여자라고 생각하는가? 그렇지 않다면, 당신은 어떤 사람이 되어야 한다고 생각하는가?
4. 수업에 들어가기 전에 당신은 대체로 준비하는가? 사전 준비가 중요한 이유를 아는가?
5. 이 책에서 수업에 들어가기 전에 당신이 준비해야 할 것으로 언급한 세 가지 사항에 대해 말해 보라.
6. 수업에 들어가기 전에 준비해야 할 또 다른 사항을 말할 수 있는가?
7. 효과적인 공부를 위한 주요 투입 기술들에 대해 말해 보라.

산출로서의 수업 참여 연습

1. 다른 학생과 팀을 이루어 다음의 단계들을 실행해 보라.

> 가. 한 사람은 예습 기법을 사용하고 다른 사람은 질문 접근을 이용하여 수업을 준비하라.
>
> 나. 노트 기록을 준비하는 데 필요한 일을 하라.
>
> 다. 좋은 수업 참여에 필요한 태도에 대해 이야기하라. 당신 생각에 효과를 높일 수 있는 다른 태도를 보태라.
>
> 라. 수업에 참석하고, 노트 기록을 하고, 기대된 바대로 참여하라.
>
> 마. 수업 후에, 그 수업이 다른 수업과 어떻게 다른지에 대해 서로 이야기하라. 두 사람의 노트를 서로 돌려보고 어떤 개선점이든 기록하도록 하라.

2. 적절한 수업 참여가 좋은 성적을 얻는 데 왜 도움이 되는지 10개 이상의 이유를 열거하라.

3. 수업 참여 기술을 향상시킬 수 있는 방법에 대해 친구와 이야기하라.

주요 산출 규칙

1. 세부사항을 충분히 학습하라. 시험은 세부사항에 관한 것이다.
2. 삼분 선별 방법을 따르라. 확실히 아는 문제들에 답하라. 맞을 가능성이 있는 문제와 추측을 해야 하는 문제들은 시험시간을 빼앗게 된다.
3. 각 문제의 가치에 관련된 시험 계획을 가져라.
4. 시험을 치를 때 목표는 당신이 아는 것을 증명하는 것이다.
5. 진위형 진술이 거짓임을 증명하려 애써라.
6. 선다형 시험에서 반응하기 전에 모든 답지들을 읽어라.
7. 행운을 가져다주는 부적이 시험에서 효용이 있을 수 있다. 그것을 가져가라.
8. 시험 불안을 피하라. 당신이 생각하는 바를 통제하라.
9. 모든 시험에 대해 기록하라. 당신이 실수한 문제에 대해 왜 실수했는지 알고, 그것을 교정할 방법을 알아라.
10. 논문을 쓸 때 저지를 수 있는 12가지의 오류를 피하라.
11. 논문들을 일찍 시작하라.
12. 당신이 쓰는 모든 논문을 누군가가 편집하게 하라.
13. 발표를 더 이상 기다릴 수 없을 때까지 구두 보고를 연습하라.
14. 모든 성적은 수업 참여를 포함한다.
15. 당신이 눈을 선생의 눈에 맞춰라.

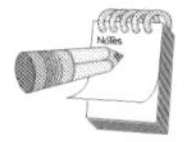 결론 : 성공을 위한 공식

이 책에서, 우리는 하버드 대학에서 시작되었던 체계적인 공부 접근이 벤처 학교(Venture School), 벤 프랭클린 아카데미(Ben Franklin Academy), 에모리 대학(Emory University)과 공부 기술 협회(Study Skills Associates)에서의 학습능력 향상 시스템으로 확장되고 수정되었다는 것을 강조했다. 우리는 어떤 학생이라도 더 많이 학습하고, 더 좋은 성적을 얻고, 학교로부터 더 많은 만족을 얻도록 도울 수 있는 공부 시스템을 만들기 위해 열심히 연구해 왔다.

학교에서 당신의 과업은 지식과 이해를 획득하는 것이다. 이전 논의에서 우리는 이 두 용어들 간의 차이를 이야기하였다. 대부분의 학생들은 공부한 자료에 대해 분명하게 이해하지만, 정의, 용어, 공식, 세부적인 특징 등에 대한 상세한 지식을 반드시 갖는 것은 아니다. 불행히도 많은 시험들은 세부 사항에 초점이 맞춰져 있으며, 학생들은 대개 세부지식에 관해 점수를 받게 된다. 효과적으로 학습하고 좋은 성적을 얻기 위해 당신은 전반적인 아이디어를 이해할 필요가 있지만, 또한 그것들을 지지하는 세부사항을 기억해야 한다.

이 책에서 기술한 전략을 따르는 것은 일반적인 이해와 세부 지식을 발전시키는 데 도움이 될 것이다. 우리는 적시에 효과적으로 공부하는 방법, 수업과 읽기를 통해 학습을 최대화하는 방법을 보여주었다. 우리는 또한 시험, 보고서, 구두 보고에서 수행을 최대화하는 방법을 보여주었다. 우리는 당신이 현실적인 목표를 설정하고, 이 목표를 향한 진전을 점검할 수 있는 방법을 제시하였다. 이 모든 것들은 태도, 계획, 수행에 있어서 더 좋은 학생이 되는 방법이다. 당신이 학습 시스템의 각 부분을 개선시킴에 따라 모든 다른 부분들이 마찬가지로 향상될 것이다. 우리는 이 모든 기술들을 배워 적용하는 학생들이 훨씬 더 생산적이고 성공적이 됨을 자주 발견한다.

어떤 시도에서든 세 가지 중요 요소들, 즉 스스로에 대한 높은 기대, 열심히 노력하는 것, 수행 영역의 능력은 잘 수행하는 데 필수적인 것이다. 학업 상황에서 높은 기대, 열심을 다한 노력, 공부 기술은 성공을 낳을 것이다.

1. 기 대

당신은 자신에 대한 기대에 의해 제한받는다. 사고와 수행에 있어서 그것의 효과에 관한 다음 세 가지 원칙들을 염두에 두어라.

1. 인간의 잠재력은 우리가 상상한 것보다 강도와 다양성에 있어 한층 더 크다.
2. 의미 있는 인간 경험의 더 큰 부분은 무의식적인 과정으로 이루어져 있다.
3. 가장 중요한 무의식적인 과정은 우리 자신의 기대, 스스로에 대한 이미지, 우리가 자신에게 두는 한계, 그리고 미래에 대한 우리의 이미지이다. 이 모든 것들이 우리의 능력을 제한하거나 향상시킨다.

당신은 자신의 잠재력으로 수행하고 있다고 느끼는가? 모든 가능성을 놓고 보았을 때, 당신은 수행할 수 있는 것조차 수행하지 않았다는 것을 안다. 극소수의 사람들만이 그렇게 한다. 당신의 잠재력에 접근할 수 있는 단계들을 밟아가라. 능력을 점점 더 많이 사용하길 시작하라.

먼저, 자신을 보다 높게 생각하도록 애써라. 스스로에 대해 생각하는 바는 항상 무의식적인 사고에 영향을 미친다. 무의식적인 사고는 경험의 산물이며 다른 사람들이 당신에 대해 당신에게 말한 바이다. 사람들은 당신이 얼마나 형편없이 수행하고 있는지, 얼마나 개선될 필요가 있는지, 얼마나 중요하지 않은 사람인지 반복적으로 말했을지 모른다. 당신이 어떤 사람인지를 평가하는 잣대로서 단 한 가지의 논평이나 원천을 취하지 말라. 당신은 의식적으로 긍정적인 사고를 함으로써 무의식적인 부정적 사고를 극복할 수 있다. 매일 잘 하고 있으며, 얼마나 훌륭한 사람인지, 그리고 얼마나 뛰어난 성취를 하는지를 한 번이나 두 번 생각해 보라. 당신은 자신에 대해 생각하는 바, 바로 그 사람이 되게 된다.

스스로에게 설정한 한계들에 대해 생각해 보라. 아무도 모든 일들을 할 수는 없기 때문에 어느 정도는 스스로에게 제한을 두게 된다. 당신은 일반적으로 자신에게 가장 쉽고 가장 즐거운 일을 하길 선택할 것이다. 우선 순위를 발달시킴에 따라 그 우선 순위는 당신이 할 수 있는 모든 일이 아니라 하고 싶어하는 일을 나타낸다고 하는 것을 염두에 두어라. 당신은 선택한 것이지 강요받은 것은 아니다. 당신의 한계는 거의 없고 가능성은 무한하다.

당신의 미래에 대한 비전은 또한 매우 중요하다. 당신은 그 비전에 의해 제한받는다. 자신에 대해 가진 비전 이상으로 성취하고, 수행하고, 그 이상의 사람이 될 수는 없다. 당신은 스스로를 자신 있고, 성공적이고, 충만해 있다고 보는가? 자신의 비전을 향상시켜라. 그러면 당신은 자신의 인품과 하는 일을 향상시킬 것이다.

2. 분 투

성공은 자신에 대한 기대에 의해서만이 아니라, 당신에 대한 다른 사람들의 기대에 대하여 당신이 무엇을 하느냐에 의해서도 영향을 받는다. 당신은 흥미 있는 상황에 놓여 있다. 당신은 자신에 대한 스스로의 기대를 넘어서서 성취할 수 없지만, 그러나 다른 사람들의 기대를 넘어서서 수행해야 한다. 당신에게 주어진 기대를 넘어서는 일은 분투해야 하는 것을 의미한다. 분투할 때 당신에게 요구되는 것 이상의 일을 하게 되고 일을 보다 일찍 마치게 된다.

어떤 행정관은 다음과 같은 일화로 분투의 가치를 예증하였다. 그는 어떤 사람에게 어떤 과업을 수행할 것을 요구했는데 그 사람으로부터 다음과 같은 말을 들었다. "그 일은 내 업무가 아닌데요." 그 행정관은 "맞아요, 하던 일을 계속하십시오."라고 말하였다. 그 행정관은 다시 또 다른 사람에게 똑같은 일을 요구하였다. 그 사람은 다음과 같이 대답하였다. "기회를 줘서 고맙습니다." 그 행정관은 우리들 각자에게 묻는다. "당신은 누가 승진할 것이라 생각합니까? 지금 하고 있는 일만 하느라 스스로에게 한계를 지우는 사람인가요, 아니면 현재 하는 일을 기꺼이 넘어서려는 사람인가요?"

성공하길 기대한다면, 당신의 전 인생을 걸고 분투해야 한다. 성공적인 사업은 기대하는 것 이상으로 커다란 서비스와 생산품을 제공하며, 당신이 지불하는 것 이상의 것을 당신에게 주는 사업이다. 마찬가지로, 성공적인 학생은 선생이 요구하는 것 이상을 하고 마감 기한 전에 과제를 완수하는 학생이다.

3. 공부 기술

성공적인 학생이 되기 위해, 당신은 또한 적절한 공부 기술이 필요하다. 성공은 능력을 요구한다. 성공적인 학생들은 듣기, 노트 정리하기, 읽기, 수업 참여라는 투입 기술들과, 기억, 집중, 매일의 복습, 자기와 시간 관리, 수업 참여라는 과정 기술, 그리고 시험 치기, 쓰기, 구두 보고, 수업 참여라는 산출 기술을 갖고 있다.

4. 성공을 위한 공식

성공을 위한 공식은 다음과 같이 표현할 수 있다.

학업 성공＝분투(투입 기술＋과정 기술＋산출 기술＋자기 기대)

당신의 기술과 자기 기대는 가법적인 것이 된다. 분투는 모든 다른 요인들의 효과를 배가시키기 때문에 성공에 핵심적으로 기여하는 것이다.

능동적으로 듣고 노트 정리를 잘하겠다는 의도를 갖고 수업에 들어가라. 수업 외에 자료를 읽고, 매일 노트를 복습하고, 세부 사항에 대해 학습 카드를 이용하고, 잘 집중하고, 기억과 회상 도구를 사용하며, 시간과 자신을 관리하라. 학습했다는 것을 보여주기 위해 시험 치르는 기술을 활용하고, 훌륭한 논문을 쓰고, 구두 보고를 하며, 수업에는 전부 참석하라. 이러한 지침들을 따르면, 좋은 성적에 대한 자신의 기대가 증가할 뿐 아니라, 당신에 대한 다른 사람들의 기대도 증가할 것이다. 그런데 분투는 결

과를 배가시키는 요인이라는 것을 기억하라. 이 등식에 분투를
더하면, 당신은 진정으로 매우 훌륭한 학생이 될 것이다.

학습능력 향상을 위한 주요 규칙

1. 듣기는 주요 공부 기술이다.
2. 시간의 경과와 더불어 당신이 자주 보거나 들은 것을 회상한다.
3. 매일 조금씩 공부하는 것은 하루에 대부분을 공부하는 것보다 낫다.
4. 정확하고 신뢰로운 노트는 학습의 좋은 토대가 된다.
5. 자신의 말로 간결하게 요약하라.
6. 연속적인 접근을 하며 읽어라
7. 읽기 전에 읽으려고 하는 바에 대해 무언가를 알라.
8. 노트 정리할 때 각 아이디어를 분리하여 나타내라.
9. 노트를 최소 5일 동안 매일 복습하라.
10. 세부 사항을 학습하기 위해 학습 카드를 이용하라.
11. 일일 계획표와 주별 계획표를 지녀라. 어떤 한 주나 어떤 하루에 할 일이 너무 많지 않도록 하라.
12. 예비시험은 훌륭한 시험 준비가 된다.
13. 삼분 선별을 기억하라.
14. 두뇌는 충분한 시간이 주어질 때 가장 잘 작동한다. 일찍 시작함으로써 두뇌에 시간적 여유를 주라.
15. 수업에 들어갈 때 거기에서 있게 될 일에 대해 좋은 아이디어를 갖고 가라.
16. 학습은 준비된 마음을 좋아한다.

17. 의도는 탁월함에 이르는 첫 단계이다.
18. 수강하고 있는 과목에 대해 매일 얼마간의 시간을 할애하라.
19. 분투하라!

찾아보기

내 용

개념 구조 132
계획 79
계획표 84, 95, 112, 119
공부 기술 233
공부 시간 90
공부를 위한 읽기 55, 64, 65, 67, 69
과장된 표현 209
과정 기술 78, 234
과제물 97, 219, 223
교과과정 83, 96, 98
교과서 86
교실 참여 71
교정하기 104
구두 발표 98, 211, 215
구두 보고 101, 104, 211, 213, 214, 219, 227, 234
구조 개발 138
구조를 개발하기 131
구조화 131
구체적인 정보 55
그림 정보의 학습 147

글자 수수께끼 145
기대 230
기대와 결과 85, 94
기말 보고서 97
기억 관리 151
기억 매트릭스 148
기억술 144
기억을 관리하기 141

나무 다이어그램 161
노트 기록 40, 47, 55
노트 정리 33, 46, 48, 52, 53, 59, 219, 220, 234
녹음기 135, 214
녹음하기 45
논리의 오류 209
논문 203, 227
논문 작성 207
논술 문제 61
논술시험 177
논술형 문제 172, 176
눈 마주침 222

능동적 읽기 59, 70
능동적인 듣기 30

단답형 문제 42, 174, 178
단정치 못함 208
독창력 172
듣기 27, 46, 220, 233
듣기를 준비하기 29

마지막 단락 57
매일 복습 132, 138, 157, 234
목록 42, 93
목표를 설정하기 83
문법상의 오류 208
문제 유형 198

발표 214, 215, 227
발표 주제 216
발표를 준비하기 104
방향 79
범주화 30, 141, 144
벤 다이어그램 160
벼락공부 157
보고서 203
보고서를 준비하기 104
보조 아이디어 39, 61, 161
복습하기 47
분투 232, 234
불안을 경감시키기 188, 191
불안을 막기 186, 191
불안의 원인 184, 191
불완전한 문장 209

사실의 오류 209
사전검토 57, 58, 198
사전검토하기 63, 69
산출 기술 170, 234
산출로서의 수업 참여 219
삼분 선별 172, 180, 188, 192, 198, 227
상향식 학습 146
색인 카드 213
서문 57
선다형 문제 42, 172, 174, 194, 195
설교자 방법 28, 37, 56, 74, 203, 217
성공 기대 187
세부사항 159
소집단 155
소프트웨어 88
수사학적 질문 216, 218
수업 95
수업 시간표 96
수업 참여 73, 153, 227, 234
수업 토론 155
수업을 위한 준비 72
시간 관리 95, 115, 116, 118
시간 이용 89, 94, 95
시험 39, 98
시험 공포증 183
시험 문제 30, 41, 53, 55, 163
시험 불안 183, 184, 191, 227
시험 전략 188
시험 점수 219
시험 준비 157

시험 치기 171, 234
시험 친 기록 196, 201
시험으로부터 학습 193, 201
시험준비 166
신체 언어 32, 46, 219, 221
실행 79
쓰기 과정 203

연습 213
연합을 개발하기 154
예비시험 162, 163, 180, 187
오디오 테이프 135
오디오 학습 카드 134, 139
요약 29
요약하기 31, 60, 63, 70, 153
월드 와이드 웹 88
위계적 다이어그램 161
육하원칙 43
윤곽을 형성하기 103
의사결정 80, 82, 93
의사결정의 원칙 80
이해 요약 매트릭스 61, 70
인터넷 88, 102
일일 계획표 109, 112, 118
일정표 95, 96, 99, 105, 118
읽기 60, 234
읽기 속도 64
읽기 자료 197
읽기 자료 요약물 97

자기 관리 79, 93
자기 기대 234
장소법 142, 144

전자우편 88
정기간행물 101, 102
정보를 수집하기 102, 103
정서적 반응 46, 216
제목 57
조직상의 오류 209
종이 산출물 86
주별 계획표 107, 112, 118
주의 깊게 읽기 63
주의분산 125, 130
주제를 선정하기 100
주제문 39, 206
중심 아이디어 39, 61, 161, 206
지그소우 퍼즐 147
지속성 124
진위형 227
진위형 문제 172, 173
집중 시간 124
집중력 121, 130, 141
집중력 장애 124

참고문헌 212
참고자료들 87
창의적인 사고 172
첫번째 단락 57
청각적인 처리 45
청킹 59
체크리스트 95, 112, 119
초안 104, 205, 207

컴퓨터 88, 102, 205
큰 그림 159

투입기술 26, 55, 234

파일 시스템 40
편집 104
평가 79
표집하기 58

하위제목 57
학습 공간 85, 94
학습 보조물 50
학습 카드   33, 59, 60, 133, 138,
    159, 178, 186, 194

학습 환경을 관리하기 84
학습곡선 47, 49
학습을 관리하기 131
학습을 위한 자료들 86, 94
학업 과정 100, 105
학업 성공 234
협동학습 45
형식의 오류 208
회상 전략 178
훌륭한 청취자 31, 32
훑어보기 57, 58, 63, 70
흰 소음 123, 130

❖저자 약력❖

William R. Luckie는 20년이 넘게 공부 기술을 가르쳐 왔다. 그는 다른 학교에서는 성공하지 못하는 학생들을 돕기 위해 설계된 사립 중학교에서 일했다. 그는 조지아 주 교육 위원회의 기획, 연구 및 평가 분회의 장으로 일했다. 교사, 카운슬러, 교장, 대학 강사를 역임하였으며 교육 경력이 40년을 상회한다. Luckie 박사는 또한 현재 공부 기술 협회(Study Skills Association)의 소장인데 이 기관은 학교, 대학, 회사, 정부 기관을 대상으로 공부 기술을 제공하는 기관이다. 이 기관은 또한 공부 기술을 향상시키는 것에 관한 연구를 하고, 향상된 공부 기술을 확인하고 검사해 보려는 학생들에게 개별적인 공부 관련 도움을 제공하며, 학령기 자녀를 돕도록 부모를 지원하는 기관이다.

Wood Smethurst는 조지아 주 애틀랜타 시에 있는 벤 프랭클린 아카데미(Ben Franklin Academy)의 공동 창설자이며 소장이다. 그는 또한 애틀랜타의 다른 혁신적인 학교들인 파이데이아(Paideia)와 갤러웨이 학교(Galloway School)의 창설자들 가운데 한 사람이다. 그는 이전에 에모리 대학의 Reading Center 및 Catch-Up School의 소장이었다. 그는 아동의 읽기 지도(Teaching Young Children to Read)와 곧 간행될 당신의 자녀를 좋은 독자로 만들기(Helping Your Child Become a Good Reader)의 저자이며 여러 편의 전문적인 논문들을 써왔다. 그는 37년 동안 공립 및 사립 학교와 대학에서 학생들을 가르쳐 왔다.

❖ 역자약력 ❖

한순미
  숙명여자대학교 교육학과
  서울대학교 대학원 교육학과(교육학 석사)
  숙명여자대학교 대학원 교육학과(교육학 박사 : 교육심리 전공)
  한국교육개발원(연구원)
  현, 숙명여자대학교, 연구교수

저서 및 역서
  사고교육의 이론과 실제(공저, 1989)
  배우며 생각하며(공저, 1991)
  동기이론 : 정보처리적 접근(공역, 1993)
  비고츠키와 교육(저, 1999)
  교수-학습의 이해 : 인지심리학적 접근(공역, 1999)
  학습부진아의 이해와 교육(공저, 2001)
  기타 다수의 논문

◯ 인 지

학습의 기술
-대학에서의 공부전략-

2002년 1월 15일 1판 1쇄 발행
2010년 1월 20일 1판 3쇄 발행

저 자 • W. R. Luckie & W. Smethurst
역 자 • 한 순 미
펴낸이 • 김 진 환
펴낸곳 • ㈜ 학지사

121-837 서울시 마포구 서교동 352-29 마인드월드빌딩 5층

대표전화 • 02) 330-5114   팩스 • 02) 324-2345

등록번호 • 제313-2006-000265호

홈페이지 • http://www.hakjisa.co.kr
커뮤니티 • http://cafe.naver.com/hakjisa

ISBN 978-89-7548-627-2 03370

정가 8,000원